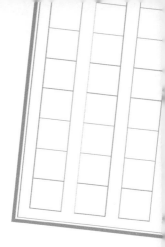

親師SOS 2

交心

啟動孩子的內在動機

蘇明進 著

Contents

推薦序

挽起袖子 投入改變台灣下一代的希望工程

嚴長壽

教育，決定台灣的未來；老師，則是幫助學生面對未來的關鍵力量。在改變孩子之前，老師必須先是自行改變自己的那一位！

二〇一四年一月二十五日，公益平台與誠致教育基金會偕同台灣大學，針對台灣中小學教師共同舉辦「翻轉教室工作坊」，受到全台各地老師前所未有的熱烈迴響；同年三月，我們繼續在台東加開第二場，自此以後，葉丙成、張輝誠、鄭漢文、藍偉瑩、施信源、王政忠……等老師，開始在台灣的每一個角落，點起了翻轉教育的火種，掀起一波波由老師自發性發動的台灣翻轉浪潮。

坦白說，我心裡非常樂見這股由下而上，由老師所主導致力改變台灣教育的力量。但我同時也憂心，當這些參加過工作坊的老師，熱血沸騰的回到自己所服務的偏校時，假若他所面對的是一個無心辦校、一心想要退休的校長，又或是幾位只考慮自己的終身保障而勉強擔任教職的同儕，這些老師的熱忱是否會就此消退？

會有這樣的擔憂，是根植於過去幾年，我在偏鄉以一個教育門外漢的角度，所觀察得到的經驗。我們的教育單位，往往為了彌補偏鄉匱乏的師資，派發年輕的新手老師就任。偏偏這些來到偏鄉的新手老師，他們也是一樣循著正常的教育體制，從一開始的被教，到有一天突然換自己要開始教別人。

這之間始終缺乏社會的實務歷練，沒有受過產業的試煉、也沒有什麼生命受挫的經驗，唯一的挫折可能就是考試。但是能當到老師的人，大部分又都是考試的常勝軍，這樣的他們要如何幫助孩子具備面對未來的關鍵力量？

教學的經驗是需要被傳承的！從口語表達能力到教學的技巧，都必須經過一而再、再而三的反覆練習。在偏鄉的教學現場裡，我們可以想見，當教室的門一關起來，老師就成了教學的主導者，同時也可能是孤立無援的初學者，他只能按照自己僅知的方法來教，沒有指導也沒有可觀摩的對象。葉丙成老師曾言，若不是受到恩師啟蒙，得以長期親炙其教學魅力與熱情，就不會有今日的他。我認為，老師的養成應該採行師徒制度，讓新手老師先跟隨在資深老師的身邊學習一段時間之後，才能上陣教學。

眼看著缺乏教學經驗的老師，在偏鄉獨行的現行體制下，只能在封閉的場域辛苦的暗自摸索時，當我翻讀到老ㄙㄨ老師的這本新書《交心——啟動孩子的內在動機》後，不禁感到這真是一個非常棒的範例！老ㄙㄨ老師將他多年累積的教學經驗，分別用老師與家長的立場，鉅細靡遺、深入淺出的把他在第一線觀察到的問題提出來探討。

我個人非常鼓勵有更多老師，也能像老ㄙㄨ老師一樣，將自己的教學經驗與遇到的難題分享出來，因為唯有建立一個長期的教師夥伴社群，提供實用的教戰手冊資源，才能讓在偏鄉獨立作戰的老師彼此得到支持，或許一時無法解決新手老師所面臨的所有難題，但最起碼可藉由心靈上的交流，降低偏鄉的教師陣亡率。

作者在書中所強調未來能力的培養，也是我最關注的議題。在《你就是改變的起點》一書中，我曾提到培養未來需要的創意人才，是教育無可迴避的最大挑戰！我們不能一面以「昨日的知識」施教，而又一方面期待如此可培養出明日台灣所需要的創意人才。

台灣的教育，勢必走向引導學生自主學習、發揮自信天賦的創意思維，如何讓這樣的圖像在真實的教育場域付諸實踐，進而擴展、延伸，我深深的期待藉由本書，能夠幫助更多老師與家長從中覺察，大家一起挽起袖子，成為彼此相互支援的力量，共同參與這個改變台灣下一代的希望工程！●

（作者為台東均一實驗高中／宜蘭慈心華德福實驗高中董事長）

推薦序

老ㄙㄨ和他的小老ㄙㄨ

張輝誠

我只和老ㄙㄨ見過一次面。

那次我和《親子天下》編輯們約在咖啡館碰面，恰巧老ㄙㄨ也和他們約在前一時段談事情，事情已經談完，老ㄙㄨ還沒走，我則剛到。我是一個很怕生的人，非常不習慣，也很不喜歡認識人，人際關係互動，經常處於被動；勉強互動後，又極為敏感於隱藏在互動雙方內在不可見的情緒變化。像我這樣如此怕生之人，經由編輯介紹之後，我都還來不及怕生，便瞧見老ㄙㄨ收起剛剛還輕鬆不已的表情，臉上立刻浮出尷尬笑容，一邊生硬的說：「神人，神人。」我馬上察覺到，老ㄙㄨ不習慣講客套話（其實我也是），而且竟然比我還怕生。

老ㄙㄨ個子高，清癯臉孔藏不住緊張心情，身形越發顯得單薄。編輯們和我開心的聊天，他就坐在一旁安靜聽著，聽到好笑事，也會忍不住露出害羞笑容。——我當時頗納悶，這就是我看過他寫過的許多文章，深深為之感動的作者，老ㄙㄨ本人嗎？

怎麼會差別這麼大？

我讀過老ㄙㄨ不少文章，深深為那文章中所隱伏的氣息所感動，那是很多人可能早就感受到，也能清楚指認出來的：沉穩而淡定的力量，溫暖且堅定的語氣，誠摯又平和的態度，以及無與倫比的耐心，令人驚嘆的開闊胸襟。也因為，有了這些豐沛而溫厚的力量，潛伏在老ㄙㄨ的文章底下、思想之中、創意之間，他的文章就少了教養書最常見，卻最不應該出現的：說教味、訓斥姿態、激昂、火氣、超理智與高高在上。老ㄙㄨ的文章，沉靜、穩定、視野開闊，我自然想像老ㄙㄨ本人應該是一個：談笑風發、自信開朗、積極活潑之人。但是很顯然，事實與想像並不相同。

為什麼會這樣？

直到看完老ㄙㄨ這本書之後，我終於懂了，老ㄙㄨ之所以成為老ㄙㄨ，正由於他自己獨特的成長生命史：他生性害羞，終於想盡辦法改變自己，理解出表達能力的重要；他從小家境並不寬裕，到表哥家發現了許多書籍，自此沉醉閱讀之中，體會閱讀的可貴與迷人；他曾遭受同學排擠、取笑，因而懂得將心比心、同理心的重要；他的生命裡曾遭遇許多挫折與困頓，無可排泄，最後找到「寫作」，做為抒發內心的壓抑、苦悶的管道；他曾經因為老師公開獎勵他的寫作佳作，進而感受到正面鼓勵的力量。——這些生命成長所遭遇的事件，獲致的勇氣與能力，一一內化為老ㄙㄨ的內在能量，讓那個曾經內向、害羞、沒有信心、成績中等、不受重視的小老ㄙㄨ，漸漸蛻變成成熟的老ㄙㄨ，而且日後成為老師之後，很快就用自身的許多經驗，強大的同理心來對待他的學生，那些一個個曾經和他小時候一樣缺乏信心、缺少能力的小老ㄙㄨ們，老ㄙㄨ帶領著小老ㄙㄨ們、引導著他們、指引著他們，走向生命成長之路。

就是這樣師生間的生命相互砥礪、共同成長，讓我著迷不已，著迷到經常忘了：老ㄙㄨ還始終不斷訓練他的學生（如同訓練他的女兒，我感覺他把學生當做女兒一般教養著）各式各樣終身受用的能力，正如同這本書上各篇章所提及的自學、反思、寫作、創造、同理心、自律、品格、閱讀能力，一而再的顯示出老ㄙㄨ的遠見、無私、務實與創意。

老ㄙㄨ同時做了最寶貴的示範，他告訴大家：造就學生之前，老師必先造就自己；培養學生能力之前，老師必先培養自我能力；面對學生，老師要平和而寬闊，謀定而後動，足智且多謀，然後擁有無比的耐心，等待學生成長。

我終於發現，我在咖啡館看到的老ㄙㄨ，其實是小老ㄙㄨ。老ㄙㄨ面對自己的學生、女兒和家長，已經是那樣成熟而穩重。但在陌生人之前，他還是那個單純、害羞的小老ㄙㄨ。

（作者為台北市中山女高教師、學思達教學倡導者）

推薦序

用力捍衛那一份對孩子的同理

劉安婷

認真說起來，我與老ㄙㄨ的淵源，從我八歲就開始了……

老ㄙㄨ是我小學二年級時的實習老師。不過，真要我說說對當時老ㄙㄨ的印象，我不是想不起來，其實更多的是不敢想起來。因為，當時就讀師院附小的我們，可說是專門接待實習老師的「職業學生」，常以捉弄菜鳥老師為樂，甚至會直接嗆老師說：「老師，你忘記『引起動機』了！」怪不得老ㄙㄨ提起這段往事，寫道：「當時大四的我，一直被那班精明小鬼們搞得信心全失……」

時光快轉近二十年，二〇一四年的暑假，老ㄙㄨ到Teach for Taiwan（簡稱ＴＦＴ）的培訓來講課，我站在教室的後方，看著這一位自稱內向、不喜面對大眾的老師，看似平淡的講述著班級經營的技巧，但眼神中，盡是對學生真摯的「在乎」。直到現在，我還記得他結束前說的話：「不是我們成為孩子的貴人，而是孩子成為我們的貴人。」那天，我從最可能氣哭老ㄙㄨ的學生，變成最容易被老ㄙㄨ弄哭的老師。

從那之後，我不時會在線上、與小蘇姑娘的下午茶聚、ＴＦＴ的培訓中，無可自拔的陷入與老ㄙㄨ的討論中。當然，老ㄙㄨ的專業令人驚嘆，但更觸動我的，是他始終堅持、甚至用力捍衛的那一份對孩子的同理。

這本書中，最令人動容的也是這點。除了點出孩子學習最重要的能力，更可貴的是老ㄙㄨ敘述的不只是理論、方法，更透過每一個章節，不斷的在問：我們真的同理孩子了嗎？

談到自律，老ㄙㄨ說：「『想教會孩子』的心意，應比『想處罰他』的情緒來得更為重要。在溝通的過程中，老師所展現出來的差異，孩子是能清楚感受到。」談到同理心，老ㄙㄨ說：「當老師願意讀懂孩子背後的故事，自然而然會對孩子多一分憐惜與包容。」

唯有真正從孩子的角度來思考，我們才有機會體悟教育的本質。這份同理，不是只指老師對學生的同理。過去兩年多，老ㄙㄨ與ＴＦＴ一起培訓、支持許多到偏鄉教書的年輕老師，我們也發現，成為好老師的第一步，就是同理自己心中的孩子——體認到自己的重要、接納自己的不完美、不放棄對自己可以改變的盼望。

當老師與學生站在一起，那「交心」的風景，是令人醉心的。謝謝老ㄙㄨ，透過這本書，再一次讓我們一窺這份美麗。很榮幸能有機會推薦這麼棒的一本書，更感恩台灣的教育有一位這麼棒的老ㄙㄨ！

（作者為ＴＦＴ「為台灣而教」理事長）

推薦序

專業、創意、大器、溫暖

溫美玉

幾年前還是部落格橫行的年代，教育界就已瘋傳老ㄙㄨ部落格裡的文章，不少是教學的實戰經驗分享，更多的是班級經營中師生趣味、感人的新鮮事，當時我就無比好奇這是個什麼樣的老師，教室怎能天天都有好戲上場，教學上又如何能時時推陳出新，難能可貴的是，對教學犀利精準無比的他，對孩子更是細緻貼心，可以想像這樣的課堂風景有多璀璨、多迷人啊！

還好，雖然外在害羞又謙和的老ㄙㄨ，內在卻蘊藏著驚人的寫作天賦與毅力，這麼多年下來，他運用極佳的寫作功力，將師生在教室每一天精采動人的畫面，透過文字娓娓述說且整理成篇章，有些複雜的教學案例或者精采的互動遊戲，他還不厭其煩的製作成教戰守則，步驟分明，好讀易學，讓所有想學習的老師、家長大大受用。

老ㄙㄨ集優異的人格特質與創意教學能力，洞悉人情世故卻依然滿懷赤子之心，除此，因為長期實地教學對學生的觀察，加上透過寫作端，不斷與家長、老師互動密切，他對教育的宏觀格局與精闢見解，務實率真，更柔織著無數同理與溫暖。

所以，書中強調的未來十大能力，例如：「打造自學力」，老ㄙㄨ不說教，直接祭出〈自己的功課自己出〉讓孩子愛上自學的案例與說明；再說「訓練表達能力」，獨特又創意的老ㄙㄨ，當然也讓孩子在活動中不自覺體現表達的真義與內涵。

字字珠璣且寓教於樂的《交心——啟動孩子的內在動機》終於集結出版，謝謝老ㄙㄨ，謝謝親子天下，這是翻轉教育又一章的具體實踐。

（作者為台南大學附設實驗小學教師）

推薦序

終其一生念念不忘的老師

王政忠

在離開學校很長很長之後，你是否曾經問過你自己：有沒有哪一個或兩個老師讓你終其一生念念不忘？

如果答案是肯定的，那麼這個之所以會讓你念念不忘的老師，是因為他讓你的國文考了一百分？是因為他終於讓你解出了那難纏的三角函數？還是因為他用圖解、表格讓你背熟了英語文法中的各種假設語氣——非常肯定的、稍微肯定的、不太肯定的，或者與事實相反的哪一種假設？

或者，你跟我一樣，那一兩個讓我念念不忘的老師，是因為他們讓我愛上閱讀，開啟了我看見世界的窗口；在我困頓挫折的時候，讓我明白受教育是辛苦的孩子翻身的機會；在某一段青澀困惑就要放棄的時候，開導我、拉拔我、支持我。也或者僅僅只是陪我走一段路，拍拍肩膀，用隱隱含笑的眼神告訴我：老師都在，不曾離開？

在我終於成為老師這麼這麼多年之後，我清清楚楚的知道，我之所以被無數個學生記得的原因，不僅僅只是在教室裡盡心盡力做到：知識的傳遞、精熟、複製與獲得；我深刻的感受到我之所以能夠影響或者改變孩子的原因，是我帶給他們：能力的獲得、生命的探索以及價值的思辨。

我帶著孩子在知識的獲得與能力的養成之間不斷循環，我陪著孩子在學業的沉浸與生命的探索之間不斷連結，我力挺孩子在分數的攫取與價值的思辨之間不斷叩問。

我是這樣被孩子記得的，而且記得很久很久。

看了老ㄙㄨ老師的這一本書，你會發現，他也是這樣被他的孩子記得的，而且比我被記得更久更久。我很榮幸也心服口服的向大家推薦老ㄙㄨ老師這一個人和他的書。●

（作者為南投縣爽文國中教務主任、MAPS 教學倡導者）

推薦序

營造快樂氣氛，帶來正面的能量

洪淑青

身為家長的我，對於老師帶班的原則、傳授學生的價值觀以及協助孩子建立的習慣是非常在意的。我常常透過好友——老ㄙㄨ的文章想像師者所思所為，進而從中調整步調，看到他整理出多年的教學經驗，內心十分期待他的作品。

這本書共有十個專題，著墨在孩子需培養的九種能力，分別從老師及家長角度出發探討，其中包含自學力、反思能力、同理、品格力、創造力……

在「打造自學力」中，老ㄙㄨ告訴我們：「所謂的翻轉教育，其實是從『老師如何教』，轉變成從『學生如何學』的角度來看教育，以真正符合學生想要學習的渴望。」

在「鍛鍊反思能力」中提到：「讓孩子自己對過錯進行補救。有了這個步驟，孩子內心的愧疚感才能有一個出口，他才會記住這件事所帶來的正面意義。」

在「精雕自律」中，老ㄙㄨ說：「孩子是學習的主導者，而我們只是持續維持他們高度學習興趣的協助者。」

最後一個章節更分享許多班級經營方法，我特別喜歡「笑話值日生」，每天有學生負責講笑話給同學聽，這樣趣味的生活調劑想必能讓孩子們每天大笑幾聲，而這種笑容堆積的快樂氣氛正也是我努力在家營造的目標。

我想，同時身為老師及父親的老ㄙㄨ，一定也在這兩種角色之間相互調整，有時看他在網路上分享學生的家庭故事，常常讀得我心有戚戚焉，藉以叮嚀、警惕自己，要細心溫和的處理孩子成長中面臨的各種問題。

老ㄙㄨ是一位教學經驗豐富、著重孩子品德教育的師者，他不僅有創意，對學生總有一套。書中他提起自己求學過程中的悲傷回憶，讓我不禁心疼起這個小男孩，也才理解為何他能對學生同理並想盡辦法協助孩子。若當年這個老是有心事的小男孩沒有堅強樂觀起來，如今也不會有這樣一個師者影響著這麼多老師，這本書是家長與老師們共同的正面能量書。

（作者為親職教養作家，知名部落客 **Selena**）

全台111位校長齊聲推薦

洪旭亮	校長	南投縣魚池鄉頭社國民小學
翁慶才	校長	高雄市苓雅區四維國民小學
葉中雄	校長	臺中市烏日區九德國民小學
楊美伶	校長	臺北市國語實驗國民小學
邱承宗	校長	新北市中小學校長協會 理事長
許嘉勳	校長	苗栗縣苑裡鎮文苑國民小學
蘇穎群	校長	新北市淡水區坪頂國民小學
吳木樹	校長	新北市土城區瓜山國民小學
湯茹君	校長	苗栗縣銅鑼鄉新隆國民小學
孔令文	校長	新北市立鶯歌高級工商職業學校
陳志鉉	校長	新北市瑞芳區猴硐國民小學
謝金城	校長	新北市立安康高級中學
施裕明	校長	新北市瑞芳區義方國民小學
賴國忠	校長	新北市林口區麗林國民小學
許淑貞	校長	新北市板橋區新埔國民中學
李秀櫻	校長	臺中市豐原區富春國民小學
王鴻裕	校長	臺中市南屯區東興國民小學
劉秋珍	校長	高雄市前金區建國國民小學
林金穗	校長	高雄市大寮區翁園國民小學
張二文	校長	高雄市林園區港埔國民小學
林裕國	校長	新北市淡水區淡水國民中學
彭連煥	校長	高雄市鳳山區曹公國民小學
趙梓晴	校長	高雄市楠梓區後勁國民小學
張永欽	校長	臺北市大同區永樂國民小學
陳滄智	校長	臺北市中山區濱江國民小學
詹文成	校長	臺中市豐原區翁子國民小學
簡木全	校長	高雄市大寮區山頂國民小學
王小芬	校長	高雄市大寮區溪埔國民中學
邱馨儀	校長	臺北市大同區日新國民小學
李春芳	校長	新北市新店區大豐國民小學
許瑛珍	校長	臺北市中山區永安國民小學
陳鼎華	校長	高雄市前鎮區獅甲國民小學

丁吉文	校長	高雄市鳳山區文德國民小學
唐忠義	校長	高雄市路竹區竹滬國民小學
李明堂	校長	高雄市新興區大同國民小學
曾建勳	校長	高雄市路竹區三埤國民小學
劉美芬	校長	臺中市神岡區豐洲國民小學
杜昌霖	校長	高雄市小港區桂林國民小學
林文生	校長	新北市中和區秀山國民小學
黃寶靚	校長	高雄市鼓山區壽山國民小學
楊宇菁	校長	高雄市湖內區大湖國民小學
張輝志	校長	宜蘭縣蘇澳鎮蘇澳國民中學
施舜馨	校長	彰化縣和美鎮培英國民小學
邱志忠	校長	臺中市大里區大元國民小學
林佳灵	校長	臺中市西屯區東海國民小學
陳立輝	校長	花蓮縣瑞穗鄉富源國民小學
林峻堅	校長	臺中市西屯區上石國民小學
鄭漢文	校長	臺東縣延平鄉桃源國民小學
陸朝炳	校長	臺中市后里區月眉國民小學
林愛玲	校長	新北市八里區米倉國民小學
阮志偉	校長	臺中市霧峰區光正國民小學
李宏仁	校長	臺中市太平區坪林國民小學
趙景惠	校長	臺中市大里區崇光國民小學
陳為信	校長	金門縣金城鎮賢庵國民小學
謝瑛娟	校長	高雄市永安區新港國民小學
顏福南	校長	臺中市東勢區中科國民小學
吳嘉賢	校長	臺中市太平區太平國民小學
楊淙富	校長	彰化縣彰化市國聖國民小學
楊恩慈	校長	彰化縣彰化市三民國民小學
柯伯儒	校長	彰化縣彰化市南興國民小學
楊朝銘	校長	臺中市豐原區南陽國民小學
王有煌	校長	彰化縣伸港鄉伸東國民小學
陳曉琪	校長	彰化縣伸港鄉新港國民小學
鄭權鑫	校長	彰化縣埔心鄉明聖國民小學
謝婉詩	校長	彰化縣二林鎮原斗國民中學
陳福順	校長	彰化縣二林鎮中正國民小學
鄭麗雅	校長	彰化縣二林鎮新生國民小學
洪信德	校長	彰化縣大城鄉頂庄國民小學
周金木	校長	彰化縣田尾鄉陸豐國民小學
葉振彰	校長	彰化縣田尾鄉南鎮國民小學
林旻賜	校長	彰化縣北斗鎮北斗國民小學
張鴻章	校長	彰化縣北斗鎮螺陽國民小學
謝鴻達	校長	彰化縣永靖鄉福興國民小學
黃仲平	校長	彰化縣二水鄉二水國民中學

李政勳	校長	雲林縣崙背鄉崙背國民小學
黃錫培	校長	雲林縣山峰華德福教育實驗國民小學
陳玉明	校長	花蓮縣花蓮市宜昌國民中學
鮑明鈞	校長	花蓮縣花蓮市中華國民小學
孫承偉	校長	花蓮縣吉安鄉北昌國民小學
吳昌葦	校長	花蓮縣壽豐鄉溪口國民小學
吳國銘	校長	新北市中和區景新國民小學
陳良益	校長	臺中市后里區后里國民小學
李世勳	校長	彰化縣員林鎮東山國民小學
林善敦	校長	宜蘭縣羅東鎮竹林國民小學
黃火炎	校長	高雄市大寮區中庄國民中學
郭國澄	校長	臺中市大雅區上楓國民小學
魏文南	校長	台南市歸仁區大潭國民小學
林貴芬	校長	高雄市鹽埕區鹽埕國民小學
張永志	校長	臺中市大里區塗城國民小學
溫景成	校長	彰化縣二水鄉復興國民小學
陳素萍	校長	臺中市外埔區安定國民小學
游玉芬	校長	臺中市梧棲區永寧國民小學
張文綺	校長	臺中市大肚區瑞峰國民小學
王俊華	校長	臺中市清水區建國國民小學
林雅盛	校長	臺中市大雅區大雅國民小學
邱義隆	校長	臺中市和平區中坑國民小學
黃智慧	校長	臺中市大雅區文雅國民小學
包沛然	校長	臺中市神岡區社口國民小學
黃圓媛	校長	臺中市北屯區四維國民小學
王彥嵓	校長	高雄市彌陀區彌陀國民小學
楊錦雲	校長	高雄市路竹區蔡文國民小學
李哲明	校長	高雄市鹽埕區光榮國民小學
陳建利	校長	高雄市梓官區蚵寮國民小學
張秀娟	校長	臺中市烏日區喀哩國民小學
陳怡婷	校長	臺中市西屯區大仁國民小學
陳清圳	校長	雲林縣古坑鄉華南國民小學
彭偉峰	校長	臺中市候用校長
姚素蓮	校長	新北市中小學校長協會 創會理事長
伍麗華	校長	屏東縣三地門鄉地磨兒國民小學
連志峰	校長	宜蘭縣頭城鎮頭城國民中學
陳志勇	校長	宜蘭縣宜蘭市凱旋國民中學

（依推薦順序列名）

自序

老師的歲月成績單

每回有機會和其他學校的老師分享時，我總會播放一些活動的照片及孩子們的心得，為當時的教學歷程留下見證。有一天，我突發奇想的質問自己：「嘿，全都是你在自吹自擂、自己說了算！那你的學生呢？畢業這麼多年了，他們會怎麼說呢？他們究竟怎麼看待過去那兩年小學時光？他們還記得我所記得的每個相處片段，與那些遙遠的記憶嗎？」

於是我做了一件很瘋狂的事情，我請已經畢業的學生們填寫了網路問卷。想了解他們在畢業多年後、甚至都已進入社會工作了，那兩年的師生歲月，在時光的篩落之後，究竟還剩下什麼？這份線上問卷，共包括了五個題目，分別：

1. 請問你的大名是？目前就讀的學校或工作是？
2. 你覺得老ㄙㄨ是一位什麼樣的老師？為什麼？
3. 你還記得以前在國小時，老師帶著你們做過最瘋狂的、最開心、最難忘的事情嗎？能否和老ㄙㄨ分享呢？

4. 你還記得以前在國小時，老師對你說過什麼話，一直讓你記憶深刻，一直到現在都還記在心裡？這些話有沒有跟你後來的人生有關係？

5. 你還記得以前在國小時，有累積下來什麼樣的「學習」能力？讓你在未來求學路上更順利呢？

師生兩年，卻交織著往後的人生

孩子們的回應從各地飛來，甚至有遠從日本、加拿大而來。每個孩子都訴說著我們曾經發生過的故事，每一則都讓我陷入無盡的沉思之中。有時讀完後，嘴角不禁泛起一抹微笑；有時，卻也心裡微微顫動，眼眶裡泛著淚光。現在人在日本學藝術設計的孩子這麼說：「老師教了我一旦遇到挫折，不要放棄，一定要堅持下去，成為我現在做每件事的動力。」

而正在加拿大讀大學的孩子說：「五年前老師為我在書裡寫下的『你一定可以的！』這段話，讓我印象特別的深刻，到現在都一直珍惜著這本書。每次失意時，都會再看一次這段話，相信我自己一定可以做得很好！老師謝謝您，因為這段話，我才能一直堅持到現在！」

他們的回饋也確確實實感動著我，於是突然明白：原來老師和學生之間的緣分，並不僅限於那兩年；而是透過某種生命交集的形式，不斷的溫暖與影響著彼此往後的人生。

教學的堅持，成了日後的甘甜

其實我最好奇的是，長大後的孩子究竟記得多少？

回函的回答五花八門，大異其趣，沒有標準答案。孩子們說：「是養椿象！那是我學會尊重生命的第一課……現在走在路上看到椿象時，甚至還會想起以前。」

另一派孩子一致推崇自助旅行：「一起騎腳踏車、一起吃著雞蛋冰、一起在后里享受吹風的感覺……完全沒有老師與學生的距離感……最難忘的事情是，那天我第一次走了十幾公里，沒想到我的腳竟然有辦法走那麼遠？那次的經驗很美好，非常青春又熱血，充滿著老師的愛以及勇氣的旅程！」

還有孩子說是班級讀書會、是戲劇課、是面對一兩千人登台演出的音樂劇；是瘋狂搶答的國語課，也是每天留下來算的數學課；還有孩子說是那一疊厚厚的反省單……

孩子們提到的那些我們共同經歷的畫面，至今仍鮮明的刻印在我的腦海裡。原來，那些教學中的堅持、那些認真投入的課程，不只感動了自己，也在孩子們的心中，留下很甘甜的回憶。

很多年後，當所有枝微末節的小事淡忘了，留存在腦海裡的，卻是那些歷經長時間陪伴、師生彼此交心，所結晶而出一幅幅充滿歡笑的畫面。

「你還記得在國小時，有累積下來什麼樣的學習能力，讓你在未來求學路上更順利呢？」我想知道經過歲月的洗禮後，一路陪伴他們在學習上，走得順遂的能力又是什麼？

歲月的淘洗，一輩子受用的能力

不太愛讀書的孩子說：「是閱讀，因為班級讀書會時看了一些勵志的書籍，讓我後來的人生變得比較會想。」其他孩子則提到寫作：「每天的聯絡簿寫作，對升上高中後，要寫一堆心得報告時超實用。」

也有孩子們說：「多虧了以前的分組演戲，讓我在大家面前講話不會緊張……我覺得我會念傳播系跟老師您也有關係，是老師激發我的表演潛能，讓我上大學之後還加入劇團……」

也有很多孩子提到放學後的數學補救教學：「國小時，我的數學就不太好，理解能力也差，經常有想要放棄的念頭或是想隨便敷衍數學題目，錯了就算了。但是老師您告訴我要數學變好，就要先喜歡它，也用不同的方式讓我重新思考我對數學的偏見。因為老師的不放棄，讓我在往後遇到困難時總是告訴自己，換個方向思考，事情就不會這麼惱人，也因為這樣，我也有了不放棄的勇氣。」

還有更多的是這種想像不到的回答：「老師您最喜歡的是給我們釣竿和說明書，很少直接給我們魚吃。印象最深的是有一次自然課，老師竟然讓我們帶了寵物去學校，整條走廊竟然成了動物園，放任鸚鵡在教室亂飛，用投影機 LIVE 直播獨角仙交配，開設烏龜解說專區，甚至下課在校園裡遛狗，這是我見過最瘋狂、卻學到最多的一堂課。那時我可以觀察一隻椿象、兩個小時以上都不是問題，利用放大鏡觀察，用不同種食物餵食，利用對照組來求出結論。之後不管在求學路上或是人際關係上，便能懂得運用不同角度學習，並提出疑惑，人際關係上觀察更敏銳，這都是那時所累積下來的寶貴能力。」

多年後，孩子們給了我一張「歲月的成績單」，清楚明白的告訴了我，老師在教學之中，該在乎的究竟是什麼。

所教過的知識會淡忘，但培養出獲得知識的能力，以及那種不畏懼學習、勇於面對學習困難、並且靠自己找出解決方法，才是陪伴他們一生，用正向思維看待學習、能帶著走的能力。

但，還有更多讓我更訝異的話語。許多我從未得知的悄悄話，孩子也在這次的回覆中，一併回送了給我……

關愛的眼神，映照在孩子的心底

孩子說：「國小離現在真的有段時間了，我覺得我從小就是個問題學生，特別是人際關係溝通方面。但遇見老師後，老師會去了解，我為什麼會這樣做？先了解、再溝通、再想辦法解決，因此我上國中後，問題也漸漸改善。直到現在，才明白原來是那時候自己與別人不一樣，從小就是在寄養家庭長大，造成個性上與正常的小孩有點差異。可能在那

（攝影｜楊煥世）

時候會覺得『我不討厭你、你就會先討厭我』的那種感覺吧！老師的做法真的足以影響我小學後的生活。

直到現在，上大學後到學校行政單位工讀，每天要接觸的人很多。但我不再像小學時候那樣，不會與人相處、不擅長溝通，反而學習能力很好，不到一個學期，工作就很上手。因為在我小學時，遇見了一位好老師，所以才有現在的我！」

另一個孩子則說：「『既然上台了，就豁出去吧！』這句話到現在我還忘不了。國小時曾因為老師您，有了演戲的經驗，每次老師跟我講這句話後，我就能在台上很放膽的去表演！

老師，謝謝您，我想我這輩子最感恩的老師就是您了，寫作文也常寫到您。因為您，才讓披頭散髮、內向不敢表達的我，變得活潑外向、更會替人著想，也更懂得跟朋友、同學相處互動。如果沒有讓老師教到的話，我現在可能還會像四年級那樣吧！所以我真的、真的、真的很謝謝老師喲！」

一個又一個的回應，牽扯出無數動人的故事，怎麼也看不完，怎麼也說不完。但這每一個生命故事，讓我內心情緒波濤翻騰不已，不斷跌入深深的回憶之中……

啊，原來在歲月急速流逝下，我們實在很難預測：究竟在時光的遺忘中，記憶它還會剩下些什麼？

也許是一句不經意的話語，也許是一個關愛的眼神與微笑，但它所種下的力量，遠比任何刻意的行為還要來得更加強大。

當我們用心改善孩子的問題時，我們所展現的愛與真誠，牢牢的映照在孩子的心底。而那彼此交織出的信任與情感，才是在時光流逝之中，始終閃閃發光的記憶。

那麼，我們究竟還在計較什麼？我們所關注的眼神又該是什麼？

歲月悠悠，雲淡風輕，多虧了孩子們的一路陪伴，才能體會到，生命該是用這樣的長度來觀看的。孩子們，謝謝您們又重新為老師上了一課，此刻心裡有滿溢的情緒與說不盡的感動。

也因為這張多年後的老師成績單，讓我心裡的擔憂終於可以放下。我發現這些關鍵能力，將會一路不斷伴隨著孩子成長；並且帶領孩子在面對未知世界時，仍能保有向前的勇氣與適應未來的能力。

這本《交心──啟動孩子的內在動機》一書，將依十個章節整理出我在孩子們身上所看到的十個未來能力：自學力、反思能力、寫作力、同理心……希望能忠實傳達出我的孩子們所教會我的重要道理。也希望老師與家長們能放下心中的焦慮與不安，用更符合孩子需求的教導方式，溫柔且堅定的陪伴他們面對充滿挑戰的未來！

chapter 01

20×10

Future Class
In Session!

打造自學力

美國紐約市立大學教育心理系教授巴瑞．利莫曼（Barry J. Zimmerman）強調，當學生能「學會學習的方法」，能感受到擁有學習的主控權，這就是內在動機的主要來源，也才能因此產生自發性學習。

老師篇

翻轉思維，讓孩子愛上自學

世界是如此快速的變動，
唯有老師翻轉自己的思維，
放棄傳統填鴨的教學方法和考試方式，
讓學生愈早學會自學、喜歡上自學，
他們眼中才會有學習的熊熊火炬。

過去一年，翻轉教育一詞在教育界裡大流行，引發相當大的迴響，甚至能以遍地開花來形容。我每天滑著臉書上的動態，總能看到很多名師、神人發表教學活動及學生成果，相當的熱鬧。

但另一方面，我也閱讀到一些朋友們在臉書文字裡隱藏的焦慮。老師們說：「看到網路上那麼多老師在談翻轉，讓我感到很焦慮……參與的教師似乎很多，且多是自發性，讓人覺得沒翻轉一下就落伍了……但究竟要怎麼設計安排課程？究竟應該怎麼做，才是對學生最好？」我常覺得，我們往往接觸到的是在網路上較為活躍的老師，卻很少傾聽待在教育現場第一線、不太出聲的老師們心聲。為此，我特地去訪談許多身邊的老師。我想要知道在他們心中，翻轉教育到底是什麼？他們期待嗎？樂觀嗎？過去一年裡，他們是否運用翻轉理念在他們的教學之中？

翻轉教育裡隱藏的焦慮

收回來的內容，可說是五花八門。老師們的確對翻轉教育抱持著正向的態度，一位老師說：「對於翻轉，我是贊成的。讓學生喜歡上課的氛圍，讓學生找到適合自己學習的方式，讓學生願意主動學習，翻轉其實滿重要的耶！」

但問到老師們內心對於翻轉教育的定義，卻是各自表述：「就內涵來看，很多老師早就在翻轉，只是不知道自己已經轉了。家長的要求、學生的轉變，讓每天和他們相處的老師也不得不改變教法，其實早就翻轉了一大圈了。」另一位老師也說：「這一波翻轉教育，很像先前的『開放教育』。多年來，我整個教學的大部分都是在不停翻轉。翻轉這詞的出現，只是給這些老師的做法一個學術上的名稱。」

問到是否有在班上實施，得到更多的回答是：「這個問題，我真的要好好檢討一下。每每迫於時間上的關係，我最多使用合作教學方式，輔助孩子們的學習。」另一位老師也說：「我的翻轉，大概只是給小孩多一點機會吧！我的教學沒有特別處，總是配合學校所有宣導、推動。我不是很有創意的老師，這應該不能稱之為翻轉。」

也由於大家內心對於翻轉教育各自有所定義，看到那麼多流派、那麼多的教學模式，內心難免惶惶不安，更不知該如何有效的融入自己的教學之中。同時，老師們內心有著更大的自我質疑聲音：「如果我不加入這波翻轉教育行動，我會不會就是一位不夠精進的老師？」

包括我自己也是。去年一整年我留職停薪，留在家裡乖乖寫博士論文，看著這一波波的翻轉教育浪潮，內心既澎湃又焦慮。但是悠悠走過這一年，讓我學會安靜的傾聽，釐清教育的本質是什麼，同時更加清楚界定了我心中翻轉教育的藍圖。

別讓孩子從學習中逃走

國小導師和其他階段老師很不同，由於身兼多個科目的教學，每天都要轉化不同的學科知識，運用不同且有趣的教學策略，來維持小小孩的高度學習興趣。因此，也如同這些老師所言：「從讓學生製作生字卡來教同學、在課堂上進行小組合作學習、改編並發展許多自學性的學校本位課程……關於翻轉，我們很多年前就已經在做了。」

所以，翻轉教育的核心，不在於教學模式的轉變，也不是全面性的大幅度翻轉；而是老師是否為了學生的需求，調整成更符合學生學習狀態、更想培養出學生未來能力的一種信念！

我是舊式師培制度的老師，實習那年正式帶班，當完一年老師後才去當兵。在當兵那兩年，我結交了很多學歷不高、工作性質大多是水電工或黑手的藍領階級朋友。這些好友們最愛指著我罵：「我這輩子最痛恨老師了，你們老師都是米蟲，以前上學實在有夠無聊！」

「不是這樣！」我總是這麼和他們爭辯，「我上課很認真，還會用心備課，想盡辦法讓學生喜歡上我的每一堂課。」

我也發現這群好友們，嘴巴上這麼說，實際上卻是真心喜歡學習。他們說他們之前在學校裡，連一個英文單字都背不起來。但我看到的是，他們認真背唱著每一首最流行的英文歌曲，比我還琅琅上口。

他們說他們討厭上學，但我看到他們是真心熱愛著機械、建築、旅遊這些學科，常去圖書館裡抱回一本又一本厚重的書籍回來自學。

於是我深刻體會到：這些朋友都是在求學過程中，欠缺適合他們學習特質的引導，以至於他們選擇從課堂上逃

走。我也體悟到：擁有自學能力，對於學生是多麼重要的一件事。所謂的翻轉教育，其實是從「老師如何教」，轉變成從「學生如何學」的角度來看教育，以真正符合學生想要學習的渴望。翻轉教育，更加著重於引發學生如何自學的歷程。

讓學生學會自學，說來很簡單，做起來倒也不困難。從很多年前我們就實施過「讓學生預習課本習題並檢討」、「讓學生上台做專題報告」、「讓學生自己做學習計畫」，甚至「讓學生自己出作業」……這些都是讓學生變成學習主人的訓練方式。

但是，「讓學生學會自學」到「讓學生喜歡自學」是兩種層次。前者還是著重在「老師如何教」，後者卻已經跨進了「學生如何學」的層級。這中間需要老師更精緻、更系統化的引導。

引導學生自主學習

《親子天下》曾報導一篇〈5方法問出好問題〉，以科學教育界數十年來所強調的「科學探究」教學法，來引導學生的自主學習。雖然篇幅極小、藏在一頁的角落裡，卻讓我忍不住拍手叫好。這五個提問方法分別是：

1. 讓學生有機會在課室中仔細觀察完整事件或文本，並提出問題。
2. 學生回答問題時，必須先提出證據。
3. 從證據中提出觀點和解釋。

4. 學習連結不同觀點建立知識。
5. 學生們互相討論和辯證彼此的觀點。

我在教室裡教學，都儘量讓孩子們能運用這樣的教學模式，從問題產出開始，讓他們為了想解開那心中的好奇，而完成一趟精緻的自學旅程。我試著用以下這個「寵物知識販賣店」的教學例子來說明：

為了讓孩子們更了解動物的生態，我做了一件很瘋狂的事情——我讓孩子們把家裡的寵物帶來學校。所以這幾天教室裡超級熱鬧，籠子區有可愛的鳥類及倉鼠們，水族箱區有魚兒和烏龜在優閒游泳；教室裡還有數不清的狗兒和貓咪，在彼此追逐和奮力拉屎。啊，我的心臟好大顆啊！

孩子們臉上有著開心到爆炸的神情。按照所帶來寵物的屬性，孩子們圍坐在不同組別裡，滔滔不絕的向同學分享他們長年來的寵物觀察經驗。隨後，我們在教室裡開了六家「寵物知識販賣店」，希望能透過分享，聆聽更多不同動物的生態習性。孩子們搖身一變，成為具有豐富解說知識的店員，他們要為顧客們詳細解說各動物的生態：動物的覓食、動物的運動、動物的構造與型態、動物的繁殖。

為了能被票選為超級寵物解說店家，孩子們展現高度的自學能力：他們上網蒐集資料、翻出百科全書、檢核更正確的資料、張貼輔助海報、賣力且詳細的解說；有的小組更用心製作簡報，以方便顧客們查詢。而顧客們也很專心聽解，為了要完成手上

「讓學生學會自學」到「讓學生喜歡自學」，是兩種層次，
前者著重在「老師如何教」，
後者則已跨進「學生如何學」的層級，
這中間需要老師更精緻、更系統化的引導。

的「寵物店知識學習單」，得靠顧客與店員間一問一答的完美合作才行。

當我走到水族館店時，孩子小霖為我詳細解說如何區分雄龜與雌龜：「雄龜身材比較小，尾巴較長因為有泄殖腔孔，牠的底板是凹的，因為要避免從雌龜身上滑落……老師，你看看，這是牠腹部的花紋……」我認真聆聽小霖的解說，我發現眼前的小霖已不是我的學生，反而更像是一位老師。他運用自學能力所學習到的知識與能力，遠遠超乎我和課本所能給予的範疇。

我訪談的老師們，無不有默契的指出：「所謂的翻轉，就是用心。為了孩子眼中的學習渴望，而調整成他們最想要、最有收穫的教學方式。」有時，我常為我的學生感到憂心，面對科技變遷如此快速、學習方式如此多元，未來的他們究竟該擁有什麼樣的能力？我們又該給予他們什麼樣的學習素材？

這個答案可能是無解，因為世界是處於如此快速的變動中。唯一肯定的是，必須先翻轉我們的思維，放棄傳統填鴨的教學方法和考試方式，讓他們愈早學會自學、喜歡上自學，他們眼中才會有學習的熊熊火炬。別再讓任何一位孩子，從學習中逃走了。如此，我們才能放下心中的擔憂，微笑的陪著他們一起向前。●

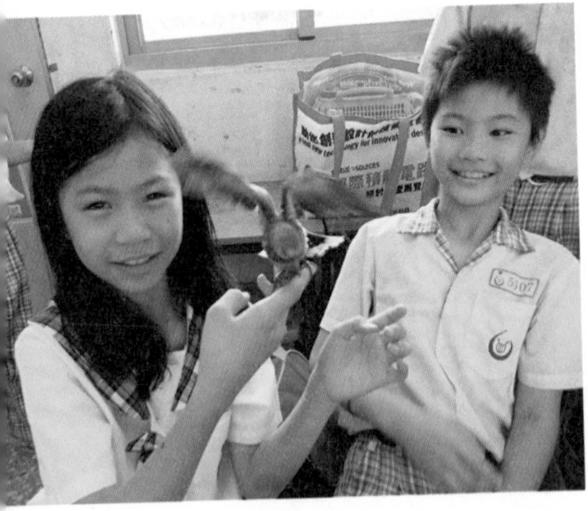

Idea Box 1

教學小錦囊

5方法，問出好問題

方法1

讓學生有機會在課室中仔細觀察完整事件或文本，並提出問題

方法2

學生回答問題時，必須先提出證據

方法3

從證據中提出觀點和解釋

方法4

學習連結不同觀點建立知識

方法5

學生們互相討論和辯證彼此的觀點

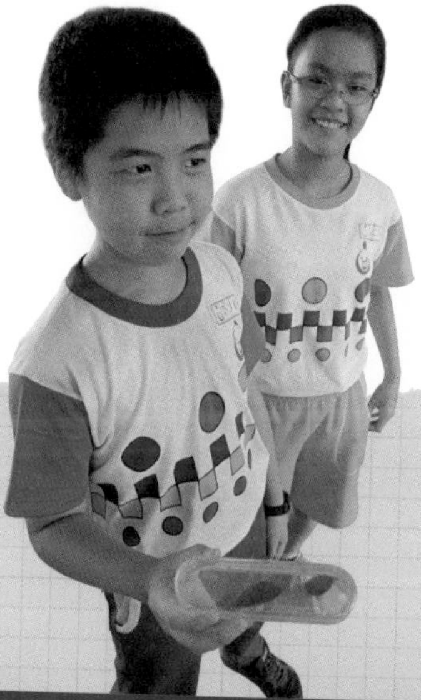

老師篇

自己的功課自己出

每天交待回家作業時，
我總會不厭其煩的提醒孩子：
「寫作業其實是協助自己的學習。
認真完成作業，
也是一種對自我尊重的態度。」

最近在媽媽社團及教師社團裡，看到因為「寫作業」而引發不少的親師衝突。從「連假究竟該出多少作業」、「交回的作業該不該力求答案正確」、「作業可不可以先寫」、「安親班老師及家長究竟該介入到什麼程度」……

朋友困惑的問著：「到底在老師眼中，寫作業的意義是什麼？現在功課都那麼複雜，還要求家長一同參與，當家長的壓力好大啊！」

出功課也是門學問

其實不瞞大家，我也曾陷入出功課的極大兩難中。我現在帶的班級，孩子們的動作十分緩慢，所以全班作業完成度不佳，寫作業的時間也相對拉長許多。

以往我帶的每屆班級，平均每天寫兩篇短文，因此每一屆孩子在畢業前夕，他們的寫作能力都能進步神速。但這班孩子每天才寫一篇短文，就寫得愁眉苦臉，經常拖拖拉拉寫到三更半夜。

前些日子，遇到一位家長，他說前一天孩子寫作業又寫到十二點了，我連忙問為什麼？原來孩子每天放學後還要去參加英語補習班，回家後動作慢吞吞、又力求完美，所以上床睡覺時間無限期的延後。於是隔天默默的又把作業項目再減一些。不過其他孩子倒是說：「功課很少啊！我不到一個小時就寫完了。」看來「寫功課」這件事，每位孩子的感受都不同，每個家庭遇到的狀況也不盡相同。

很多家長並不知道，「出功課」這件事真的是一大學問。每天我都得在黑板前面罰站很久，細細推敲每一項作業所需花費的時間、以及它們加總起來的學習效果。出太多功課，老師會被家長投訴；出太少功課，家長也很有意見。出太多功課，孩子們寫不完；出太少功課，無法有效複習當天所學的內容，長久下來影響學習成效。

這學期，我嘗試減少抄抄寫寫的項目，出了一些需要好好思考、需要動腦的作業，例如：提問單、仿寫作文、學習單……可是寫這類作業，其實更需要時間，當孩子放學後沒有完整的時間，這類作業就會變成當天家裡的大災難。

也曾遇過陷入「學習成績等於學習成果」迷思的家長，只能用考卷上的分數，來評判老師教學的好壞，而忽略了在學習歷程中珍貴的學習經驗與能力。這讓每天用心出作業的老師，陷入左右為難的困境。

練習自己出作業

每天交待回家作業時，我總會不厭其煩的提醒孩子：「寫作業的意義，其實是協助自己的學習。認真完成作業，也是一種對自我尊重的態度。」

說太多，倒不如讓孩子自己實際感受出功課的意義。因此我常在比較沒有作業進度壓力的時候，當天在黑板上出三項奇怪的回家功課：

1. **自我學習作業一：**（＿＿＿＿＿）（**簽名**）（　　）
2. **自我學習作業二：**（＿＿＿＿＿）（**簽名**）（　　）
3. **自我學習作業三：**（＿＿＿＿＿）（**簽名**）（　　）

我說：「今天，就請你扮演認真的老師，為自己規劃今天應有的作業，請在括弧中寫下你的作業計畫，完成後讓爸媽在後頭簽名。」

每一屆的班級我都會實行這個活動，果不其然，孩子們紛紛一陣哀嚎，要通過這些作業感覺很不容易，因為同時要得到爸媽以及老師雙方的高標準認證才可以。我也在班上的臉書社團裡寫下這段話：「今天的作業，是讓孩子們去規劃自己的複習進度，請孩子先做計畫並確實完成，並記下這些過程。這是訓練孩子自學力很重要的歷程，請爸媽們也來一起陪伴他們。」

隔天一早，翻開孩子們的聯絡簿，我發現幾乎全班的孩子都完成了這項艱鉅的任務，每一本聯絡簿上都簽滿了爸媽的認證簽名。

由於正值考試週，孩子們為自己規劃了複習進度。有男孩記錄當晚他花了兩、三個小時才完成作業；而另一位女孩，則記錄著她花了快四小時，寫了數學練習簿、數學習作、寫國文考卷、背英文單字、複習英語課本……令我大驚失色。還有孩子說他從晚上六點到深夜十二點，一直坐在書桌前複習功課，讓我看得幾乎快掉出眼珠子。

當然，也有不夠認真的孩子，只有寫上「複習生字」、「複習語詞」這些項目。我逐項在底下提出建議：「這樣寫較為籠統……這樣寫不夠清楚……可以寫上這一科讀書的時間……或寫上看了幾頁書、寫了幾頁的練習題……」

認真完成三項「自己出作業」的孩子，我會在他們的聯絡簿上，寫上「Good」字，頒發一張小獎卡。並讓他們有機會站上台前，和全班分享心得，我們也約定隔天再實施一次「自己出作業」的活動。

我在班級臉書社團上，再次邀請家長一同來協助孩子的自學力：「今天還

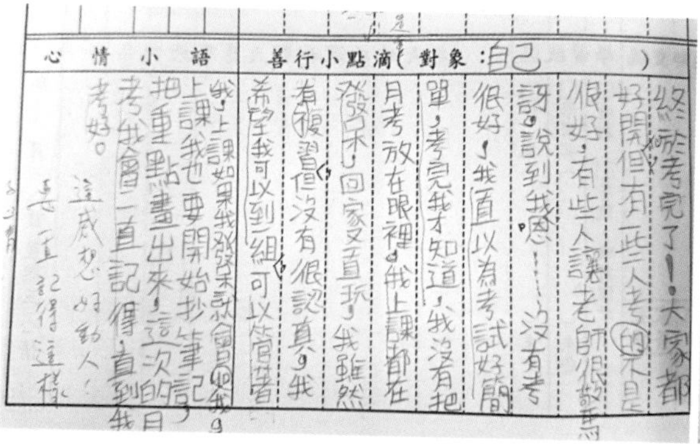

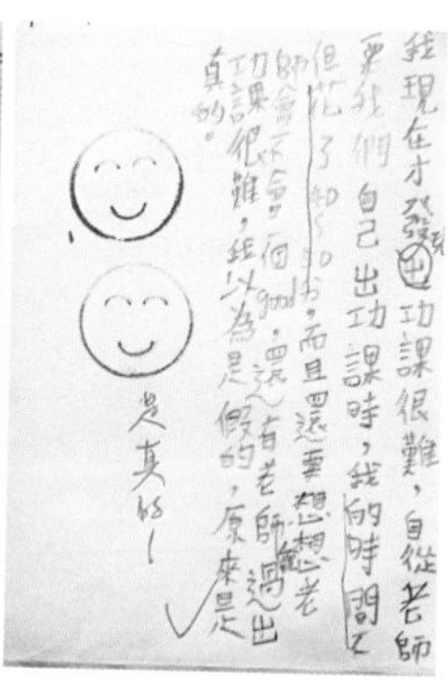

是保持讓孩子們自我學習的作業。昨天有些孩子認真執行著自學的活動，足足完成了五個小時的學習。也有媽媽傳來孩子一早就起床晨讀的感人畫面，自學力總是這麼具有魅力，當我們成功喚醒了孩子學習的動機，不需要我們緊迫盯人，孩子就會自己前進！這樣的歷程，比起考卷上的分數都還要令人驚豔。歡迎您偷偷傳給我他們認真讀書的畫面，我再來大大的讚美他們！」

「自己出作業」活動，在班上連續進行了三天，包括考試結束的當天，又再實施了一次，可以發現孩子們都有明顯的成長。例如前一天被我叮嚀出作業過於籠統的孩子，隔天他讓自己寫了「一張數學考卷」、「一張社會考卷」、「讀英語習作三十分鐘」、又外加一篇精采的「故事創作」。不管是在作業的廣度或深度上，都增加許多。平時偶有缺交的孩子，不好意思的說：「好啦，我終於知道出功課的困難了，花了我將近兩、三個小時！」而連續三天都被老師評為「Good」的小秦則說：「我現在才發現出功課很難，自從老師要我們自己出功課，時間不但花去很久，而且還要想想老師會不會給我一個Good？老師曾經說過出功課很難，我以為是假的，原來是真的！」

不僅孩子，連家長都感受到孩子有著不一樣的轉變。小華媽媽在聯絡簿裡留言：「小華開始懂得主動學習，並且找出適合自己的學習方式，很棒！感謝老師的引導。」

重建孩子寫作業的信心

為了讓這班孩子感受到妥善運用時間的成就感，最近我刻意在課堂時多留一些空白時間，指導孩子如何在學校先完成一部分作業。孩子們臉上的笑容，充分展現出一種完成不可能任務的成就感。我也讚美他們：「所以只要有效率，能把握零碎時間，就可以完成很多的事情。回家後，還能安排些自己喜歡從事的活動。」

除此之外，我也會讓孩子去書寫關於學習態度的作業，例如：「我對自己學習態度的反思」、「考試過後的深層想法」、「寫下五個增進讀書效率的方法」……透過一次又一次的自我對話，讓孩子用內在智慧喚醒他們的行動力。

孩子說：「我要反省的是功課要早一點寫，不然又會被媽媽唸。被媽媽唸的感覺是很痛苦、很生氣，我很想大叫或踢東西。後來我找個安靜的地方開始反省，才知道問題源自於我自己……」

家長適當放手的藝術

有家長表示：「其實我都已經放手了，但是孩子還是不太在乎，每天請他用心寫作業喊到都抓狂了，他還是敷衍了事，氣得不想幫他簽聯絡簿了。」

放不放手？該如何放手？應與孩子的個性特質有關，也與爸媽長久以來的教養

大人不動聲色的觀察孩子寫作業的習慣，
並在他碰到問題時，提供適時的協助；
看見他們認真投入時，給予讚美與肯定。

方式有關。比較愛面子的孩子，不管他在家裡寫作業寫到多晚、在家裡與父母起了多大的爭執，他也要在學校表現出最完美的一面給老師看。因此我會建議這些家長就放手，把沒有寫完作業的後果交給我處理吧！

我會先請爸媽在家裡和孩子好好溝通，與孩子溝通寫作業的意義，並與孩子一起擬訂當天應該完成的時間及進度，也教孩子如何去執行計畫：分析當天作業種類與難易度、標注ＡＢＣ輕重等級、先解決容易完成的作業、設定鬧鐘等方法。

但若孩子還是經常一副拖拖拉拉的無所謂模樣，就嚴格執行彼此的約定，時間一到就讓他們關燈上床睡覺。至於沒寫完的功課，就隔天交給老師來碎碎唸。嚴格執行幾次之後，相信這些愛面子的孩子，就會知道爸媽和老師是站在同一陣線上。為了爭取自己的榮譽，他們自己在寫作業時，就會更加的有效率，也會修正自己長久以來寫作業的不好習慣。

至於對作業不是很在乎的孩子，他們其實更需要爸爸媽媽的陪伴。對這些孩子談「放手」，說穿了，只是一種大人的放任與逃避心態。

應該讓這類孩子在適合的地方寫作業，在他們身邊坐著陪伴，大人們同時做一些學習類的活動，例如：閱讀、寫作、或語言學習，展現樂於學習的身教，而不是在一旁滑手機或看電視。

不動聲色的觀察他們寫作業的習慣，在孩子寫作業有問題時，適時的提供協助；

看見他們認真投入時，給予讚美與肯定，如：「你的作業寫得好快喔！原來你認真起來，是這麼有效率。」「你這麼專注寫作業，答對率提高不少呢！」

不需一個月時間的陪伴，孩子的寫作業狀況與學習成績，都會明顯的提升。不是在緊迫盯人，而是在觀察孩子寫作業的模式，試著重建他對寫作業的信心與樂趣。

家長不妨多向老師請教如何協助孩子寫作業的方法。像我這類的老師，很期望能知道孩子在家裡寫作業的情形、他們花了多少時間寫作業、他們如何完成作業、以及爸媽對於老師這份作業的感受是什麼？也很樂意在出功課時，多些個別化的彈性，讓孩子真正能得到實質上的收穫。

在新接一個班級時，我不停的思考，希望能找出最適合這個班級的出作業方式。很希望孩子們可以享受在寫作業的歷程裡，感受到寫作業帶給他們學習上的助益。不過這需要時間，是需要不斷的反思與調整，我們一起努力！●

Idea Box 2

教學小錦囊

親師合作4心法，
讓作業成為自學好工具

心法1

學生自訂作業

心法2

作業可以很多元，可以是關於學習態度的，例如：我對自己學習態度的反思、寫下5個增進讀書效率的方法

心法3

與孩子溝通寫作業的意義，擬訂當天應該完成的時間及進度

心法4

教孩子如何執行：分析當天作業種類與難易度、標注ABC輕重等級、先解決容易完成的作業、設定鬧鐘等

家長篇

釐清卡關處，學習起飛時

我發現在求學路上發展較好的學生，是那些即便身處學習資源不足的環境，仍會自己主動尋求資源去突破學習困境。

一場教師研習結束後，一位女士上前來請教自學力的問題，我才發現她其實是一位關心孩子教育的家長。

這位媽媽說：「老師，您說的自學力很重要我都知道，但究竟要如何在家裡啟動孩子的自學力呢？」

這問題要回答不容易，畢竟每個孩子的心性與程度都不相同，家庭的教養觀也不同；而父母親與孩子之間的互動、對話、獎懲方式、與對孩子的期待，都會影響孩子對學習的觀感。

再進一步詢問，媽媽表示：家中孩子有注意力不集中、少許過動情形，常被老師投訴，媽媽在教這孩子的壓力很大。又因為同時要教三個小孩寫功課，有時因身體太累，無形中對教小孩功課失去耐性，就不知不覺變成吼叫媽……經深談後，媽媽也表示會努力改善自己的狀況好跟小孩相處。

不單單只有這位媽媽，在一些講座裡，許多家長的提問，無不呈現對孩子學習的焦慮。有趣的是，我也發現大多數家長都能認同自學的重要，但他們在家中面對孩子的學習狀態時，常感到束手無策。

固然會有一些策略，能幫助孩子自學。但最好的方式是，先釐清孩子學習卡關的類別。因為不同程度的孩子，有著不同的學習特質，而他們在學習上的卡關類別也不盡相同。

高學習成就的孩子：請安心放手

高學習成就的孩子，本身在學習上的表現就較好，常獲得他人的關注與讚美。因此這類孩子自我要求高、較好強、愛面子，只要自覺有要被同學追過的危機時，自己就會提升在學習上的高標準。

若您的孩子是「高學習成就、在家中卻是低學習動機」的類型，很可能要檢視您和孩子之間的相處模式，時時去釐清：孩子的好成績是不是被逼出來的？我們會不會已把孩子應該要自己面對的責任，全扛在自己的肩上了？孩子的低學習動機，會不會是他習慣了倚賴、或是他內心充滿了恐懼與逃避呢？

我曾經教過學業成績優秀的女孩，卻逃避學習，一有時間就放空，個性粗心而迷糊；我也曾經教過各方面表現優異的男孩，但他在學習上總是表現出冷漠、只求中等表現就好的態度。追究其中原因，不難發現他們的背後，總有著嚴陣以待的棍子伺候，以及一雙雙焦慮擔憂的眼神。

這類孩子，肯定是需要爸媽們大大的放手啊！我常開玩笑對他們的爸媽建議：不要太管他們，他們反而會活得很好。後來當爸媽們半信半疑的陸續開始放手後，孩子們反而因為強大的好勝心，有著突出的表現。

家長們該做的，不是去想盡辦法提升孩子的學習成績；而是該隨時關注：我們這樣的說法和做法，能不能讓孩子維持高度的學習動機、表現出良好的學習態度呢？

我曾經教過一位很特別的學生，小三到小五時她隨著父母到英國讀書，小六才回國進到我的班級。回國後的她，中文程度落後同學一大截，但是仍然可以看到她終日苦讀想追上大家。她在短短一年內就補足和同學三年的學習差距，成績也從中等，到畢業前夕搶下了全班前五名的好成績。

她的爸媽在這樣的過程中當然十分著急，然而他們並沒有強力介入，反而讓孩子自己面對學習困境、自己去找到學習的方法。媽媽心疼的說：「從小這孩子就愛閱讀，初到英國時，英語沒能認識幾句，心裡有相當大的挫折。但是她秉持著要把它弄懂的決心，開始努力的苦讀，因為她知道，她所喜愛的文學世界，就住在那堆難懂的文字裡頭。於是她開始接觸大量的英國文學，花更多的時間去學習與閱讀，終於也讓她慢慢跟上英國學童的程度……」

在父母溫柔且堅定的陪伴下，進入國中後，她以「亞洲最年輕通過劍橋最高級認證，國一女生讀遍英文名著」的斗大標題登上新聞媒體，八年級的她已通過英語認證中的最高級認證（CPE），成為亞洲地區歷年年紀最小、也是亞洲地區第一位通過該項認證的國中生。新聞報導中說她幾乎已經取得國際一流大學、包括劍橋大學在內的入場券！

教過很多屆學生之後，我發現未來在求學路上發展比較好的學生，不是被大人們塞進很多艱澀學科知識的孩子，而是那些內在一直有強烈趨力想把書讀好的孩子；是即便身處學習資源不足的環境，仍會自己主動尋求資源去突破學習困境。

也許這孩子擁有我們所沒有的異國學習環境，但是任何成功，絕對都不會從天而降。榮耀的背後，經常是屢遭挫折、始終不肯放棄、願意腳踏實地、一步一腳印苦讀所換來的。這種自己拚了命想學習的自學力，才最值得我們喝采。

我們是不是過度著急、導致孩子錯亂了學習責任的歸屬？
我們是不是能留給孩子更多學習的選擇權，
讓他們可以擁有主導權，自己去體會到學習裡的驚奇感動呢？

中學習成就的孩子：提供完善的學習方法

中學習成就的孩子，本身的自學動機充足，他們內心渴望能有更好的成績，但苦無方法。而一直以來在學習上的不順心，導致他們對學習與自己失去自信。

小倫就是這樣一個孩子。考試過後他在短文下寫下對考試的感想：「今天我一看到我的數學考卷分數，我就好想哭。情緒從高興突然變得很悲傷，因為我這麼用心準備，我的數學分數還是好差……但是，那瞬間我才發現：我怎麼開始關心我考的分數了？這也證明了我成長了許多，不再像以前一樣不管分數是高或低。我終於可以為自己鬆一口氣了，但我還要更努力，迎向下一次的考試。小倫，加油！」

這樣的心路轉變歷程，著實令人為他感到開心。小倫其實在學業上的表現一直不太理想，剛遇見他時，他的小考成績低落、寫字潦草、錯字連篇……對學習表現很漠然。但是在不斷和他對話、不斷給予支持後，他開始關注自己的學習。他明白學習是為自己，因此想要更好。這一句「我怎麼開始關心我考的分數了」，就是最好的證明。

對於這類中等學習成就的孩子，可能要先釋放他們對學習的逃避或恐懼心情。很多孩子抗拒學習，其實是曾經遭受過挫敗、或對難題產生了畏懼感，因此找回孩子的自信心是重要的。我們可以從孩子能接受的程度開始加強，用較簡單又有趣的題型，例如：緊張刺激的過關方式，讓他們重拾信心，再逐步將題型加深、加廣。

其次，要提供更完善的學習方法。這類孩子卡在錯誤的學習習慣裡而不自知，需要大人們教他們更正確、更有效的學習方法。可惜在他們的背後常有一對忙碌於工作，無法完全關注孩子學習的家長。

教會他們如何設定目標，如何做筆記、摘要、自我評量的學習策略，再讓他們反覆修正自己的學習歷程。讓孩子隨時關注自己在學習的每個步驟上，他們才會清楚學習是自己的事，而不是為大人。

低學習成就的孩子：激發學習動機

低學習成就的孩子，因長久以來的學習挫敗，對學習已經全然放棄；或是生活習慣不良，已習於享樂不願在學業上吃苦。

這類孩子需要先從激發孩子的學習動機開始。因為他們心裡抗拒，不願意多投注時間和心力在讀書上，根本無心向學。其實只要大人們把話說好、說得精采，並且製造神祕、稀有感，就能引爆孩子的學習動機。

有時候我一踏進教室大門，就會故作神祕的說：「今天老師拿到一個神奇的包裹，打開一看，竟然是三本熱騰騰的新書耶！我翻了一下，哇塞，這些故事都好精采，有洋蔥小子竟然會講話，還有奇怪的狐狸做著爆笑的蠢事，這些書連老師看完都忍不住哈哈大笑。嗯，不知道有沒有人想看這些書呢？」

不出所料，大多數孩子都舉手了，連那些不愛看書的孩子也來湊熱鬧。我用更抱歉的口吻說：「但是，我只有三本書耶？只能先借給三個人，有沒有人想先看？」

此言一出，想必會引起全班大暴動。於是我們用猜拳的方式，讓「想先拿到書閱讀」的動機更加強烈。或是，我們也可以把《祕密花園》這類的書籍，優先借給脾氣古怪的孩子；把《野性的呼喚》，先借給愛好動物的孩子；《金銀島》先借給滿腦子愛幻想的孩子；不愛閱讀卻舉手的孩子，就借他《綠野仙蹤》吧！讓原本被孩子視作苦哈哈差事的閱讀活動，變成了最火紅、最令人期待的班級話題。

只是很多時候，我們大人一急或求好心切，以致用不耐煩或指責的語氣，反而壓制了孩子的學習。

某天晚上八點多，我待在速食店裡趕期末報告，身旁的媽媽帶著兩位女兒在做考前衝刺。兩位女兒寫著數學練習卷，而媽媽則在一旁看著報紙陪伴她們，感覺上這是多麼溫馨的畫面啊！但是一個小時下來，我的耳朵幾乎都快聾了。坐在我鄰座的這位媽媽，一邊教女兒、一邊高分貝的數落她們：「為什麼從下午到現在只寫了半頁？為什麼我怎麼教你們都不會？現在幾點了？我看你們是不是要在這裡留到天亮？」

最後，辛苦的媽咪趴著睡著了。兩位女兒趁媽咪休息時，偷偷溜去廁所閒晃、照鏡子打扮。一直到晚上十一點多我離開前，這三位母女還是一直處於「媽媽一直不斷罵小孩、當媽媽睡著女兒就開溜」的循環裡，始終沒有任何學習進度。

孩子應該是「要陪不要盯」！但是，很多大人卻是錯把「緊盯」當成了「陪伴」，這只會讓孩子錯以為讀書是為了爸媽，於是以虛應敷衍的態度來讀給大人們看。

陪伴，是一種溫柔、和諧的相處，充滿著爽朗的笑聲；陪伴，是一種觀察，不動聲色的隨時留意孩子的學習問題；陪伴，是每天一點一滴存下的親情投資，愈陪，親子關係要愈好才行！

先讚美孩子的態度，再調整學習方法

另外，大人們的讚美與肯定，絕對是支撐孩子願意面對學習挫折的關鍵。別急著數落孩子的缺點，別急著對考卷上的爛成績氣急敗壞，而應該先調整孩子的學習態度。若他在過程確實認真學習，先肯定孩子的努力，讚美他的用心。

試著這樣說：「也許這次的成績上沒辦法印證你的努力，但我有察覺你最近非常積極，好的態度會是未來成績進步的主因。爸媽很為你的認真而感到驕傲！」

孩子會因為你的同理與鼓勵，顯露出一抹開心的神情，明白有股支撐的力量。只要保留好的學習態度以及旺盛的學習動機，孩子自然會朝著自學的方向前進。

要喚醒孩子的自學力，最終還是要先回過來檢視：我們大人自己對學習這件事的態度為何？是不是過度著急、導致孩子錯亂了學習責任的歸屬？是不是能留給孩子更多學習的選擇權，讓他們可以擁有主導權，自己去體會到學習裡的驚奇感動呢？

Idea Box 3

貼心小叮嚀

對症下藥，引爆學習動機

低學習成就的孩子：激發學習動機

中學習成就的孩子：提供完善的學習方法

高學習成就的孩子：請安心放手

共同心法：先讚美孩子的態度，再調整學習方法

chapter 02

Future Class
In Session!

鍛鍊反思能力

教育家杜威（John Dewey）指出，反思是任何經驗能否有教育意義的關鍵，它能連結觀察的世界與思想的世界；反思，能增進學生問題解決能力，以及由經驗學習的能力。

老師篇

別逼他悔過，引導他學會反思

當孩子在小時候犯點錯也是好的，
只要適時的導正，
這些錯誤就像是為他們提供了保護疫苗，
會在他們人生交叉路上時時顯現，
成為警惕自我的最好借鏡。

手機裡，朋友傳來一則緊急的訊息：「學生偷了東西，請問處理偷竊事件的SOP（標準作業程序）流程是什麼？」

朋友任教於國中，這是第一次遇到學生偷竊的突發狀況，他想要更圓滿的處理這件事，於是想聽聽我的看法。見面後，朋友說：「這三位學生其實都很乖，只是看到櫃子裡的獎品，一時克制不了內心的欲望，就順手拿走了一些東西……」

我問：「那麼這些學生後來的反應如何？」

「嚇死了啊！因為這是他們第一次犯下這樣的過錯，」朋友說。

我沉思了一會兒，「其實這事情若發生在我的班上，每次都會有不一樣的處理方式。不過我最想知道的是：孩子在事情發生後，到底在想些什麼？所以我會先讓他們去寫『反省單』……」

「有有有，他們有寫反省單。學校要他們寫的……」朋友隨即從包包裡拿出三張反省單。A4紙上印著大大的「反省單」三個字，上頭條列式問了幾個反省問題，最後下方出現了一堆本人、家長、學校的簽名欄位。

仔細看過反省單，我說：「其實我很不愛用這種有既定格式的反省單，你不覺得這很像我們那個年代的『悔過書』嗎？它只是換了個名字而已。但是，我們真的能從這些字句裡，讀到孩子的真心嗎？」

這陣子以來，我發現「反省單」這個概念常被拿來與「悔過書」劃上等號。在講座中，常有老師反映：「反省單不好推行，學生都亂寫，氣死我了……」到馬來西亞和華語老師們分享時，台下也有老師問：「學生和我嗆聲說，他們寧願被處罰，也不願意寫反省單……」

當下因為時間關係，沒有辦法好好回答這個問題，但心中一直思考著該如何更適切回覆這些問題。看到這些偷竊反省單之後，我終於明白這其中的落差。

首先，我們得先釐清「悔過」與「反思」之間的差異。當孩子犯錯，我們應該別急著強迫孩子「悔過」，而是讓他們學會「反思」。

被動的悔過 vs. 主動的反思

「悔過」，是大人們要求孩子去執行的一種處罰。這對孩子而言，是被動的面對錯誤，也因此孩子的內心有各式各樣的情緒：恐懼、不服氣、應付、逃避、只想給大人們一個交代……但是無助於他觀看自己的內在，無法協助他去感受他人的傷痛。

「反思」，則是一種自我觀看的狀態。在大人們的協助下，孩子一步一步去看到自己在這段時間的行為狀態，一層一層去抽絲剝繭內在的起心動念。反思的主角是孩子；反思的歷程，是主動而感性的。也因此，擁有「反思」能力的孩子，會持續進步，因為他們認真修正自己，會與自己對話，能勇於自我反省。反思能力可視為內在強大的驅動力，可促進其他多元智能的自我監控與成長。因此擁有反思習慣的孩子，學業能力甚至會比其他孩子來得更優異。

總是被逼迫著「悔過」的孩子，常犯下同樣錯誤，令人頭痛不已。因為我們始終著眼在「孩子犯錯了就該接受處罰」這樣的論點上，卻忽略了「這件事究竟帶給孩子什麼啟發」、「我們究竟教會了孩子什麼」，這兩個該用心探討的問題。

如何教孩子擁有「反思」能力呢？可能要透過逐步的書寫訓練開始。

進行反思，從書寫練習開始

在我班上，是先練習寫每日反省小文，持續兩個星期，讓孩子習慣每天陳述自己需改進的小缺失，才能在孩子犯錯的當下，讓他們願意以反省單來書寫自己的過錯。

反思的過程，可以分為幾個層面來觀看：

1. **在這樣的過程中，自己做錯的部分。**
2. **這件事對自己所帶來的後果或影響。**
3. **這件事對他人造成了什麼樣的傷害。**
4. **要如何彌補自己所造成的傷害。**
5. **下次在同樣的時空背景下，如何避免自己犯下同樣錯誤。**

我習慣給一張白紙，讓孩子盡情的去書寫，沒有任何格式，孩子想寫什麼就寫什麼。但是從孩子寫下的文字多寡、段落分法、情緒用語……都可以拼湊出孩子對這件事情的真正想法。反省單其實只是一個逐步引導孩子去思考的工具，也是大人與孩子對談的輔導工具，千萬別把它當成了唯一的處罰方法。

有家長問到：「孩子就是不願意寫啊！在衝突的當下，他哭啊、鬧的，根本沒有辦法讓他去寫反省單……」其實，這得先質問我們自己的內在：我們究竟是在強迫孩子「悔過」，還是有耐性的引導

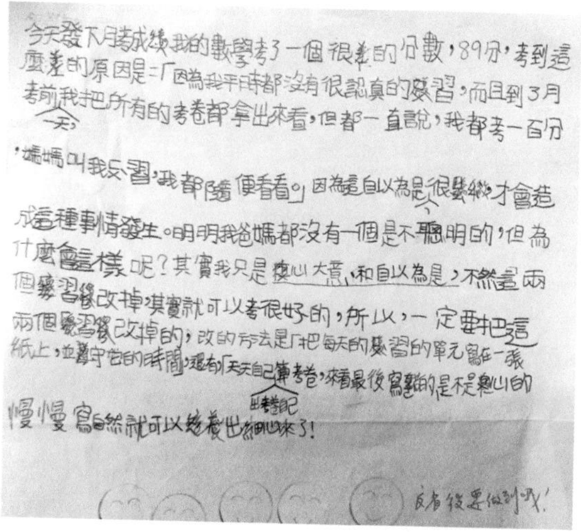
今天發下月考成績，我的數學考了一個很差的分數，89分，考到這麼差的原因是：「因為我平時都沒有很認真的複習，而且到了月考前一天我把所有的考卷都拿出來看，但都一直說，我都考一百分，媽媽叫我複習，我都隨便看看。」因為是自以為是、很驕傲，才會造成這種事情發生。明明我爸媽都沒有一個是不聰明的，但為什麼會這樣呢？其實我只是粗心大意、和自以為是，不然這兩個壞習慣改掉，其實就可以考很好的，所以，一定要把這兩個壞習慣改掉的，改的方法是「把每天的複習的單元寫在一張紙上，並遵守它的時間，還有「天天自己出考卷」，來看最後寫錯的是粗心的，慢慢寫自然就可以培養出細心來了！

反省後要做到喔！

孩子去培養「反思」的習慣呢？

我回答：「這可能要讓孩子有書寫的習慣，從每天寫日記、心情小語、反省短文……開始引導。當孩子習慣用書寫來表達內在想法時，我們就有機會去引導他的價值判斷。同時，反省單的首次使用，可能要在孩子真心覺得自己做錯了、也願意接受父母的教導時，才是最佳出場的時機。有了第一次成功的書寫經驗後，下一次孩子面對寫反省單，接受度就會高一點，也會比較快進入反思的狀態。」

成為真誠面對過錯的行動者

那麼究竟該如何妥善處理孩子的偷竊事件？我為朋友列了以下幾點建議：

1. 師生共同成長的學習歷程

跳脫公式化的SOP處理原則，每一次的犯錯事件，對學生和老師雙方而言，都是很好的學習歷程，也是師生之間極佳的對話機會。

當然我們也可以公事公辦——交由學校去處理、寫悔過書、通知家長、記過處分……但是我們何不利用這樣的機會，讓學生學習處理自己的問題；在這樣的對話過程，也能增進師生之間的信賴度與情誼；而老師本身更可以從對學生的循循善誘中，得到更多對生命的體悟與成長。

2. 處理的層級可大可小

偷竊行為可以是很嚴重的過錯，但也可以視為對學生的機會教育，畢竟，這樣的過錯源自於學生克制不了內心的欲望所致。因此，事件可大可小，端看學生所展現出來的態度而定。孩子的態度如果不對，當然我們得嚴正的訓誡他，喚醒他內在的道德判準；但是如果孩子能對過錯表達出真誠歉意時，給予他一個罪名或是嚴厲的處罰，就並非那麼迫切需要了。

3. 給予家長實質的建議

偷竊行為發生時，通常都會在第一時間告知家長，但是這容易讓家長大暴走，採用激進的打罵方式來處理。然而在處罰過後，很多孩子會因心生恐懼，只記住了被處罰的後果，而忽略了更深層的省思；或是因受到處罰，覺得自己已經付出代價，反而失去了在乎的心情。

比較好的做法，是建議家長用比較理性的態度，一路協助孩子不斷的去釐清：從這件事情裡學到了什麼教訓？下一次在同樣的誘惑下，還會犯下同樣的錯誤嗎？同時，也需要真誠肯定孩子在這處理過程中，所展現出來的努力與心意。

4. 由孩子自己補救所犯的過錯

處理孩子的犯錯時，很多時候我們都忽略了一個步驟：讓孩子自己對過錯進行補救。有了這個步驟，孩子內心的愧疚感才能有一個出口，他才會記住這件事所帶來的正面意義。我們應該不斷的反問孩子：「那麼你覺得該怎麼做，才能把自己所造成的

別急著強迫孩子「悔過」，而是讓他們學會「反思」。
悔過，對孩子而言，是被動的面對錯誤；
反思，則是一種自我觀看的狀態。

傷害降到最低？」「你願意做什麼，來表達自己內心的歉意與誠意呢？」對於孩子的想法，我們可以提出建議，但不要給予評論，並一路支持孩子信守諾言的行動，這才是把事件處理到圓滿的最完美句點。

5. **更高層次的學習**

當我們刻意從最低階的「處罰」層級，昇華到更高階的「想教會孩子」層級時，內心就會湧現無數想教好他們的方法。我們著眼的是孩子犯錯後更高層次的學習，孩子會感受得到老師的心意，也會一輩子感恩、記得。

有個成績優異的女孩，在畢業前夕信誓旦旦向我表示，她一直記得兩年前的考試作弊事件，說自己以後永遠不會再犯，因為老師有教過她；也有個男孩在長大後笑著對我說，他永遠不會在人生路上走偏，因為小時候那些亂七八糟的行為，全都被老師修正了。

有時候想想，當孩子在小時候犯點錯也是好的，只要適時的導正，這些錯誤就像是為他們提供了保護疫苗，會在他們人生交叉路上時時的顯現，成為警惕自我的最好借鏡！

幾天後，朋友傳來訊息：「那三位偷竊東西的學生，又重新寫了一次反省單，空白紙上滿滿都是他們反省後的真誠話語。他們自己決定從現在起到畢業那天，每週兩次提早到校來幫忙打掃教室。原先這間教室因為髒亂，加上有許多閒置空櫃子，才引

發他們犯錯的衝動。所以從現在起，這間教室都交給他們三個人去管理了。」

這些孩子從一開始被認定成「壞學生」、內心滿懷罪惡感，一路蛻變成願意真誠面對過錯的行動者。能得到這樣美好的轉變，一位輔導者在當下所持有的信念與視野，實在是影響甚鉅。因此，我們又豈能輕易錯過任何一次與孩子一起成長的珍貴機會呢？●

Idea Box 4

教學小錦囊

5步驟，培養反思能力

步驟1

思考事件中，自己做錯的部分

步驟2

對自己所帶來的後果或影響

步驟3

對他人造成了什麼樣的傷害

步驟4

如何彌補自己所造成的傷害

步驟5

要如何避免自己犯下同樣的錯誤

老師篇

暴衝男孩發怒的背後

孩子有情緒，嚴厲的指責其實無助於讓他明白他在行為及態度上的錯誤；那與孩子內心情感的連結，那願意體諒、等待、並且耐心的引導，才是美好轉變的開始。

一位觀察細膩、又富有教育理念的新手老師，詢問我該如何處理學生發生爭執的問題：

昨天下課時，身高很高的阿瑋一直在教室裡欺負身材嬌小的小雄。小雄走到教室旁邊哭，小雄說：「我是跟阿瑋在玩摔角遊戲，但是我不喜歡，因爲他都會欺負我。」放學時我找阿瑋來談，阿瑋說：「他怎麼那麼娘啊！男生還哭？」任憑我怎麼和他溝通，他都反覆的撂下一句：「關我什麼事！」

我當下想不出能繼續處理這件事的辦法，所以我讓阿瑋回家，因爲我看他還是很憤怒，再繼續說下去，可能我也無法控制情緒而對他大聲喝斥。想請教老師：一、像這樣的狀況，該如何處理才會更圓滿？二、下次我該如何面對阿瑋和小雄呢？

這是在教室裡常發生的狀況劇，男生們愛在下課玩這種「打架遊戲」，一些肢體上的嬉鬧動作、甚至較暴力的玩法。只是當玩過頭，有人感到痛了，爭吵就出現了。

阿瑋反覆的說著「關我什麼事」，其實是有些惱羞成怒。他並沒有設身處地為小雄著想，他當下只有感受到難堪而生氣。有可能他真的覺得沒什麼，為什麼老師要來為難他？也有可能因為他太在乎這位老師，所以更覺得難受。

所以像這種情況，有以下幾個處理方法：

一、先調整一下他的情緒。請他把情緒放下，讓他先察覺自己身上的情緒。他可能會說「我沒有生氣」，我會平靜指出：「不過從你的臉部線條、眼睛、眉毛、嘴角都看到有生氣的情緒在……」如果他說「我有點生氣」，那更好，引導他說出來。讓孩子正視自身的情緒，才能有機會讓他們把情緒放下。

二、接下來回到事情的對錯上。和他釐清「這件事情真的也只是在玩」，是一件「很小的事」而已。但是對方哭了，不是因為他很娘，而是因為感覺很痛，覺得委屈或生氣。此時可以反問這孩子：「有沒有曾經哭過？」「如果有人說你很娘，會有什麼感想？」讓他知道用這樣的說法，不是那麼恰當。

三、再和他談遊戲如果玩到大家哭哭啼啼的，會讓玩興大打折扣。所以玩要玩得盡興，要雙方都一直保持著愉快的心情，下次才有一起玩的機會。可以和他聊聊維持「人際關係」的重要。

四、並且想想：該如何玩才是最好玩？如何玩，別人才不會受傷、才不會哭？如果他一直執著於對方就是愛哭，那麼我們還能跟他說：玩伴有分很多種，顯然摔角遊戲不適合這個人，就換別種來玩；或是再去找可以玩摔角遊戲的同學。

五、要誇獎他有認真思考。也請他再想想：如何去彌補這件事？畢竟弄疼別人、讓別人哭了，不管是否故意，我們自己已經先理虧了。

我很喜歡這位老師的發問，在第一年教書他就選擇用冷靜處理、而不是高壓的管理方法，來面對學生的憤怒情緒。但其實有更多大人，在面對孩子的當下，是以大吼的方式，來強壓孩子的情緒；然而多年下來，也只學會愈吼愈大聲而已。

這則發問，讓我回想起一個愛生氣孩子的故事。深切反省與他的衝突後，體會到這孩子教會我好重要的道理。

嗆老師、衝出教室，班上的不定時炸彈

幾年前，也在某間教室裡，看到某位像阿瑋這孩子的身影。這孩子長得高大魁梧，喜歡欺負同學，上課表現時好時壞，高興時就在課堂上搶話發言，不高興就踢飛

桌椅、趴在桌上睡覺。

更大的問題是，他經常有暴怒的傾向，常對老師和同學大聲咆哮，甚至有次他一個人在辦公室裡，面對兩位男老師大聲對嗆。但在每次衝突爆發後，他就會衝出教室，消失在校園裡，不是躲在某個角落，就是爬出圍牆消失不見人影。頻率之高，常常讓班導師和學校的行政人員疲於奔命。

雖然他經常闖禍不斷，但我跟他的關係算是不錯。在上課時，只要他上課表現好，我會在全班同學面前讚美他；在下課時，我也常和他亂哈拉，和他聊聊最近班上的大小八卦；有時候在他和老師們爆發衝突後，我會找他私下聊聊。我發現我算是他信任的老師之一，在聽他吐露許多不成熟的抱怨、不滿之後，還是可以看到他內在那顆單純的心。

不過有陣子，他顯得異常誇張，那兩個星期每隔幾天，就聽聞他又對同學、對老師大發脾氣、亂飆三字經、上演失蹤記。

（設計攝影與真人無涉；攝影｜黃建賓）

那天，上我的自然課也是如此。快過半節課了，這大哥還是不見人影，同學和導師都不清楚他去哪裡了，整節課快過了，他才姍姍來遲，滿臉無所謂的表情。問他去哪了，一副愛理不理的表情說著他剛從教室過來。

我忍不住唸他幾句，這孩子轉身就往外走。我走出教室攔住他，他態度極差，當下我們都生氣了，他語氣很差的推開我逕自離去。

我不能放著整班學生不管去找他一人，只能請導師幫我留意他的去向。下課時同學說他又躲在某間廁所裡，於是我把他請來好好談談。

我究竟該怎麼讓這孩子知道：這世界不是他能為所欲為的亂發脾氣？我也想要讓他知道：他這樣的態度，連我這種「和他關係不錯」的老師也會生氣。

我想要表現出「因為他的糟糕態度我感到生氣」的形象，我的語氣大聲而嚴厲。但話才剛出口，我就發現我錯了。我正前方這孩子，竟發出怒吼，接著髒話不斷，他爆發的情緒之大，讓我嚇了一大跳。

教書這麼多年，我第一次看到這樣情緒激動的學生，敢面對老師公然嗆聲，毫不示弱。那瞬間我明白了，這孩子有情緒狀況。而我扮演這樣嚴厲的形象，並無助於讓他明白他在行為上及態度上的錯誤。

於是我先讓他回教室。我深切的反省我自己，我發現我內心在隱隱生氣著，那情緒是來自於：「我很喜歡你，一直以來我很善待你，但你為何仍對我如此不禮貌？」

但我心裡明白，這孩子的情緒也是如此。他內心應該有著比我更大的憤怒：「我這麼信任你，我以為你和那些老師不同，原來你們都是一樣的！」

探討背後原因，重修師生關係

這孩子長期以來，在家裡被大人粗暴的鞭打，在先前學校被老師嚴厲的管教。長久下來的打罵教育，並沒有因此讓他變得更好，反而讓他的世界變得黑暗而扭曲。那狂暴的情緒，來自於對這個世界憤怒的吶喊：你們沒有人了解我！自始至終從來都沒有！

傷害了他對我的信任，對此，我深感抱歉。

於是當天下午，我又把這孩子找來。聽班導師說他心情穩定許多，我輕聲問他：「你還在生氣嗎？」

這孩子搖搖頭，我感覺到他的情緒平復很多。我說：「對早上的事情，老師事後想一想，覺得不應該用這樣的方式跟你說話，讓你如此生氣又難過，老師要跟你說一聲『對不起』。」

他嚇了一跳，我繼續說：「老師後來也反省自己，發現原來我在生氣。你知道我為什麼生氣嗎？」

於是我把我為什麼生氣以及後來發生的種種原因，認真的向這孩子坦白以告。而這孩子也和我解釋他為什麼晚進教室，以及他為什麼說出那些不堪的話的原因。

對談的過程中，我們彼此都鬆了一口氣。孩子的臉上開始有了笑容，我們也約定好下一次生氣時，我們能做些什麼來避免這樣的傷害，並且伸出手來打勾勾。

離開前，他對我說了一聲：「老師，對不起！」

望著他離去的背影，我內心一陣陣激動。他真的只是一位個性單純的孩子，一位內心極度渴望被人關愛的孩子罷了！

後來，雖然時常聽聞這孩子又發生情緒暴衝的行為，但我選擇在課堂上用更多體諒與等待的正向態度，來引導他的轉變。在一次機會裡，公視《下課花路米》來拍攝，我也把他加入了學習步道解說的學生群裡。他的班導師在底下看了他精采的表現之後，悠悠的跟我說了句：「謝謝你，願意給這樣的孩子上台表現的機會。」

我們一同望向這孩子，他正在鏡頭前認真的解說，他手舞足蹈，他發著光，眼底盡是耀眼的神采！

謝謝這位孩子，教會了我好重要的道理。

大人們權威式的強壓管教，從來就不是抒解孩子偏差行為的好方式，尤其面對這麼獨特的孩子時。那與孩子內心情感的連結，那願意體諒、等待、並且耐心的引導，才是美好轉變的起點。●

Idea Box 5

教學小錦囊

5步驟，化解學生壞情緒

步驟1

讓孩子覺察自身的情緒

步驟2

從他人角度來思考事情

步驟3

客觀釐清事情的對錯

步驟4

思考改變現況的策略

步驟5

誇獎孩子「想改變」的心

家長篇

看清教養盲點，找出改變契機

孩子就是一個家庭的縮影。
孩子的問題，
源自於大人們對待他的方式；
要解開這些問題，
也該從大人本身去尋求答案。

我的朋友很有意思，每回去她店裡剪頭髮時，她都會和我分享她嘉義老家的小姪子近況。這是一個農事忙碌的大家庭，小姪子剛上幼兒園中班，一天到晚活蹦亂跳的闖禍不斷。不管是爸媽或家中長輩，對這位頑皮的小姪子都相當頭疼。

例如，這次我們的話題是這樣開始的：「蘇老師，怎麼辦，我覺得我們家小姪子愈來愈皮了。這次我回家去，發現他竟然會爬到貨車的車頂去。我說『這樣很危險趕快下來』，他還不肯耶，我說『我會生氣哦』，他才乖乖下來。結果我一轉身，他又爬上貨車的車頂上去了……」

我很喜歡聽她聊這些故事，也從中去反思我自己的教養觀點。令我佩服的是，才二十多歲的她面對這些事情十分有智慧，能客觀剖析其中的原因與解決方法。

在很多講座裡遇過許多憂心忡忡的爸媽，發現每個家庭裡都有需要擔心的孩子，每個家庭也都有它各自不同的問題，這就是原生家庭的盲點。身陷其中的成員不容易、抑或不願面對問題的本身，以至於孩子的狀況一直存在著，整個家庭也始終籠罩在灰暗的擔憂裡。找出原生家庭的問題是重要的，因此我將我們的聊天過程記錄下來，希望有助大家清楚看到自己家庭裡的教養盲點。

盲點1　把打罵當教育

關於爬車頂話題，我說：「你家小姪子會愈來愈皮，這其實是因為他一天到晚被罵，所以有些話他會故意充耳不聞，一點效果也沒有。」

朋友說：「對呀，他真的一天到晚挨罵，闖禍被罵、吃飯被罵，連看個電視也被罵……我就跟他說：『為什麼姑姑回來後，都看到你整天被罵啊？』」

我說：「帶了那麼多屆學生，發現比較調皮、行為有狀況的孩子，大多數都是很聰明的小孩。但是因為他們夠聰明，知道大人們的弱點或盲點在哪裡，反而把聰明用在終日玩樂和逃避責任上。大人們如果沒有引導他們把聰明運用在正確的地方，就會

（設計攝影與真人無涉；攝影｜陳德信）

一天到晚在和孩子的偏差行為對戰。」

朋友說：「對呀，他真的很聰明，他現在已經可以看懂大人的眼神，知道自己快被揍了，他就躲進大辦公桌下，這樣就打不到他，他會和大人談條件，如只打三下就好，他才會願意出來。」

我嘆了一口氣，說：「這種打罵教育，只會讓他的心思一直處在如何逃避處罰上，卻欠缺內心感到愧歉的反思歷程，那麼將來他還是會繼續犯錯下去。」

朋友接著說：「其實我發現跟他好好說，他真的聽得懂。像上次他一直看電視不吃飯，我就說：『你再不吃飯，我就要把電視關掉。』最後我只能真的把電視關了。他爸看到他在哭，就跟我說：『你給他看電視又沒有關係。』結果反而是我姪子說『姑姑說吃完飯才能看電視』，就真的不看電視了，自己乖乖的把飯吃完。」

我深感贊同的說：「對呀，和孩子好好說話，比起對他大吼大叫，真的有用太多倍了。」

盲點2 以為孩子什麼都不懂

朋友說：「嗯，但是我發現我們家人都會認為他年紀小，跟他講這些沒有用，他根本聽不懂。例如有一天他邊吃飯邊玩，我爸就把電視搖控器拿走，結果他生氣的亂講話，還從我爸那搶回搖控器。我當下制止他並跟他說道理，我爸在一旁就說：『不用跟他說那麼多，沒有用啦，先修理一頓就對了。』」

朋友繼續說：「後來我把小姪子帶到一旁，我說：『你這樣對阿公很沒有禮貌耶！』他說：『是阿公先開始的，誰叫他要關掉我的電視。』我舉了很多的例子給他聽，最後我家小姪子說：『好啦，我知道我做錯了，姑姑，那我先去和阿公道歉。』他真的跑去和我爸說：『阿公對不起，我不該對你那麼沒有禮貌。』我爸卻回他說：『你別假了，你只會現在乖一下子而已，待會又需要人修理了。』所以我家小姪子生氣的說：『姑姑，你看，阿公每次都這樣講話，我以後都不跟他好了……』」

我嘆了一口氣：「唉，這就是原生家庭的教養盲點。其實不管孩子年紀多小、或已經進入青春期了，只要願意和他好好說，他還是能體會到『大人不想處罰他，只是想教會他』的心意。」

盲點3　和孩子談條件

「我這次回去啊，發現姪子變得很會跟人談條件。他會說：『姑姑，如果我沒有被罵的話，你要買玩具給我。』他還指定要買什麼禮物耶！」朋友說。

我說：「那是因為你們家的大人們，都用談條件來和他溝通。要他做什麼事情，都附帶一個好處，長久下來孩子就會覺得把事情做好，都可以得到報酬。」

朋友說：「對呀！像這次回去，我看到他不乖被他爸修理，結果他哭了很久都停不下來，我哥就說：『好啦，你不要再哭了，你不哭我就帶你去買糖果。』我聽了整個傻眼，跟我哥說：『你打了他，又拜託他不要哭，那你剛才為什麼要打他呢？下次他肯定還是會哭給你看。』」

我很有同感的說：「和孩子談條件，真的很危險。我有家長用『功課寫完就可以玩三十分鐘電玩』『做家事一件就有零用錢十元』來和孩子談條件。長期實施下來，孩子只在乎能玩多久的電玩，卻忽略了寫功課的意義；孩子會開始嫌棄做家事的錢太少，卻忽略了家其實是全家人共同扶持、彼此照顧的地方。」

和孩子談條件，看似能讓孩子最快達到大人們的期待，但是在「感覺雙方都達成共識」的背後，其實無形中正在混淆孩子的價值判斷，讓他錯誤的認為做這些事情，都是為了大人。同時，每次都和孩子談條件，長久下來就會把孩子的胃口養大，下一次要驅動他的動機，就必須端出更誘人的條件來才行。

盲點4 只希望孩子不吵鬧

我換了話題，問道：「你姪子應該沒有玩伴吧？你家裡會有人陪他玩嗎？」

「沒有耶！他都一個人在院子玩比較多。所以我回家時，他都會要求我陪他一起玩，」朋友說。

少說一些負面的話，多給予一些正面行為的支持；
多陪伴他，多花一點時間陪他一起玩，
這樣才有機會看清原生家庭的教養盲點。

我說：「這孩子某種程度來說很可憐，他過得很孤單。而這就是為什麼你很嚴格的管他，但他還是很愛你的原因：因為你會傾聽他說話，因為你會講理，而不是對他鬼吼鬼叫，因為你會願意花時間在他身上，陪他一起玩。」

朋友說：「對呀，家裡真的都沒有人陪他玩，他一天到晚喊著『好無聊』。我也不明白為什麼他媽媽要常常限制他這個不能玩、那個也不能玩。例如他要我陪他在院子裡玩水槍，他媽媽就說『不可以』。我家小姪子就會生氣，可是她又不願意花時間陪小孩子玩。」

「男孩子本來在生理構造上就和女孩子不同，體內的睪固酮一天到晚讓他們活動力十足、活蹦亂跳的。也因此他總是覺得無聊，老是闖出一些自認為有趣的禍事來。」

我繼續接著問：「你家小姪子應該很愛看電視吧？像這樣把孩子限制在家裡，什麼事也不讓他做，又不願意投注時間陪他一起玩，他們只能整天看電視，零食一口一口塞，把自己養成一個小胖子。愛看電視的孩子，同時也是心靈很孤單的孩子，這是在大人們的默許下所養成的壞習

（設計攝影與真人無涉；攝影｜鄒保祥）

慣。」

朋友嘆了一口氣，說：「說穿了，就是大人不願意花時間來陪伴小孩。」

盲點5 忽略了孩子的心意

朋友說：「我們嘉義老家是在種水果，這次我回去看到大家都忙，我就問小姪子要不要來幫忙貼包裝標籤。他媽媽聽了馬上說：『不要來亂就好，他怎麼會呢？』我就說：『會啦，他會啦。』我示範一次給小姪子看，他真的做得很好，他媽媽在旁邊看著，一邊笑一邊說：『猴囝仔，沒想到你還真的會啊！』氣得小姪子『哼』一聲就跑掉了。我在後頭叫他：『你回來幫忙啦，姑姑覺得你很棒耶！』他則是嘟著嘴說：『不要！媽媽每次都這樣講……』」

「這真的很可惜！你家小姪子很努力想表現出他的心意，但是大人們非但不珍惜，反而還澆他冷水，幾次之後他就不想再嘗試了。因為他的心裡會想：反正我再怎麼努力也沒有用，你們大人根本就不在乎，」我說。

朋友說：「對呀，他的心裡只會覺得沒有人認同他、肯定他，以後再也不會想要幫忙了！」

每一位孩子都想要努力表現出自己最棒、最體貼的那一面，不管是乖巧的孩子、或調皮的孩子皆然。然而孩子之所以能持續表現乖巧的行為，是因為他的爸媽總是用心呵護著孩子背後的心意。我們應該要多讚美孩子、肯定孩子，並且讓這樣好的行為繼續延續下去才是。

孩子就是一個家庭的縮影，孩子的問題，源自於大人們對待他的方式；要解開這些問題，也該從大人本身去尋求答案。

少說一些負面的話，多給予一些正面行為的支持；多陪伴他，多花一點時間陪他一起玩，這樣才有機會看清原生家庭的教養盲點，用深厚的親情找出改變孩子問題的契機！

Idea Box 6

貼心小叮嚀

避開教養5盲點，收服小搗蛋

盲點1

把打罵當教育

盲點2

以為孩子什麼都不懂

盲點3

和孩子談條件

盲點4

只希望孩子不吵鬧

盲點5

忽略了孩子的心意

chapter 03

Future Class
In Session!

修練同理心

美國華盛頓大學醫學院精神科與小兒科臨床學教授史丹利．葛林斯班（Stanley I. Greenspan）指出：同理心是優秀子女的一大特質，也是最難培養的一項能力，有賴大人從旁協助。同理心的培養是個複雜而漫長的認知及情緒發展過程，卻是孩子獲致未來成就與幸福的資源，讓世界變得更美好。

老師篇

化解排擠，學習接納6步驟

「排擠」是班級裡潛在的大問題，
初期若無有效處理，
可能引發後續嚴重的言語與肢體霸凌，
因此必須從集體學生
及被排擠者兩方面來抒解。

一場教師輔導知能研習中，有一位國中老師提問：「讓學生進行分組教學，的確教學效果很好，但有時分組會遇到某些學生不受歡迎、甚至遭受他人排擠。要如何解決這個問題呢？」

「排擠」確實是班級裡潛在的大問題，老師不容易發現這種學生間的微妙變化，連資深老師也不見得能有效改善。排擠，是一群人對於某人的排斥行為，在初期若無有效處理，可能會引發後續嚴重的言語與肢體霸凌。通常排擠並非單方面的問題，必須從集體學生及被排擠者兩方面共同來抒解狀況。

1. 觀察：發現排擠次文化

教這個班級的科任課已經半學期了，我習慣在考試後就讓孩子們換座位，除了可以消除長時間小組合作的疲乏感，還能讓孩子們與新成員激盪出高昂的學習士氣。

通常我讓孩子自己選座位，每六個特質相似的孩子為一輪，自己選想坐的組別。剛開始我滿滿意這班選座位的流暢度，不過當最後一輪女生走進教室，我發現有位女生一直佇在門口，慌亂的眼神不知該落向何方，而每一小組紛紛流露出不歡迎的態度。有兩個組特別誇張，大叫「不要過來」，還刻意把座位向後挪動；有人把空椅子藏起來；還有人拿起椅子架高阻擋……

我實在驚訝極了，怎麼會有這麼殘忍的畫面？我可以感受到那位女孩深深的悲傷與無助。

2. 處理：表達嚴正的立場

我先制止為首的幾個孩子，我說：「這種行為實在是太誇張了，就算開玩笑也要有個限度！如果你們是她，一走進教室，就受到這種對待，你們心裡有什麼感想？」

孩子們這時才出現一臉「啊，闖禍了」的表情。我說：「我不了解這位同學究竟做了什麼，你們才會這樣對她。但是請你們將心比心的想：這麼多人對一位同學做出這樣的行為，究竟有多傷人啊？」

這位女孩始終流露出悲傷表情，我轉向她說：「老師要好好跟他們談談，你現在要不要去上個廁所、順便看一下美麗的風景？等我們溝通完後，再請你回來……」

我請一位善良的同學陪著她去上廁所。接著我語氣一轉，嚴肅的對著全班說：「她到底做了什麼事，你們要這樣排擠她？」

孩子開始你一言、我一語：「因為她很愛批評別人……愛跟別人吵架……動不動就哭……」

3. 引導：分享親身故事

於是，我和孩子們說了一段故事：「老師小時候在鄉下長大，當時的醫療人力與資源不足，某一次老師因為發燒打針，導致腿部神經纖維化。這種病俗稱『青蛙肢』，讓我無法正常的蹲或坐，連跑步姿勢都十分怪異。由於雙腿無法正常運動，遠看就像青蛙在跑步。」

全班孩子聽完我的比喻，全都笑了出來。我說：「大家覺得很好笑吧？但對於當時還是國中生的我而言，真是難受的成長歷程。每回跑步時，總是會看到愛嘲笑他人的同學站在終點，對我指指點點：『你看他跑步的樣子有夠滑稽，真像是癩蝦蟆在跑步！』

每次跑過終點時，我的內心總是既羞愧又氣憤。我不明白，為什麼有人有權利可以這麼嘲笑別人？上天為什麼要給我這樣難堪的身體？

於是我愈來愈不喜歡上體育課、不參與任何與跑步有關的體能活動。我不想讓這些人有嘲笑我的機會，也想刻意保持著『我也是個正常人』的形象。後來我進醫院動了大手術，在病床上整整躺了兩個星期都動彈不得，至今大腿兩側仍各有十多公分的大蜈蚣傷口。這兩條傷口在我的人生中，不斷提醒著我應該更加謙卑。我能深刻感受被排擠人的心情，那是一種：『其實你並不懂我』、『你自認比我優越而嘲笑我，但其實沒有』的吶喊！」

故事說完了，孩子們臉上有著深深的震驚，與說不出的抱歉神情。

「所以大家懂了嗎？如果有一天因為某些原因，你就像老師或像她一樣站在那裡，被每個人用誇張的動作排擠時，你心裡會有什麼感想呢？」全班孩子靜默無聲，也明

（攝影｜何紹齊）

白剛才他們究竟闖下什麼大禍。

4. 行動：給予補救機會

「所以，如果你覺得抱歉，那麼還是有補救的機會。請問有沒有哪一組，想真心的接納她呢？」沒想到，剛才表現出最排擠的那兩組，全都熱情的舉起手來。再三確認過後，他們還是很開心的點著頭。

「好，現在老師希望待會兒這位女同學進教室，會受到前所未有的歡迎，你們能做到嗎？」全班也再三向我保證。於是我請一位同學去找她回來，她才踏進教室，全班就響起「來我們這組、來我們這組」的熱情邀約聲。我笑著對女孩說：「現在好多組別都很歡迎你去，你想要選哪一組呢？」

女孩還是選了剛才排斥她的其中一組，臉上表情又驚又喜。一場鬧劇感覺就此落幕了。下課時，女孩假裝若無其事的對我說：「老師，你到底說了什麼？讓他們這麼歡迎我去那幾組啊？」

我說：「沒有啊，我是教他們應該去尊重每個人……你自己也要加油哦！」我笑著對她說，試著給她一個最溫暖的笑容。

5. 修正：改善被排擠者行為

事後，我又跟這位女孩做了後續的輔導。我倆坐在走廊上聊天，我說：「這件事讓你很難過吧？」

女孩點點頭說：「他們每次都是這樣。」

「那你知道他們為什麼要這麼對你嗎？」

女孩說：「他們說我很愛抱怨、愛生氣……」

「人際關係這件事，真的是每個人的一大課題，像老師活到現在，仍在學習中。老師當然會努力幫你改善同學對你的態度，不過有時候我們也要暫時跳脫出自己，檢視問題的來源。如果班上只有幾個人這樣對你，可能是他們的問題較多；但是，如果全班都這樣對待你，可能要先反求自己，從自己身上去找尋答案。要努力的修正自己，儘量把讓別人不舒服的個性改掉，這樣才會交到愈來愈多朋友！」

女孩若有所思的點點頭，應了聲「好」。我們打勾勾，約定好要不斷修正自己、蛻變成更好的人。

不過孩子畢竟是孩子，不會因為一次的輔導而徹底改變，於是到了下一次分組活動時，這個班級又發生了排擠問題。其實，我總覺得孩子們犯點錯，某種程度上是一件好事，那至少能讓我們可以有介入指導的著力點，是最棒的機會教育！

如果全班都這樣對待你，可能要先反求自己，
從自己身上去找答案。要努力的修正自己，
儘量把讓別人不舒服的個性改掉，這樣才會交到更多朋友！

6. 反思：用書寫導引觀念

於是我把課程停下來，又利用了一節課和他們溝通；並且向每個人發下一張空白紙，請他們寫下經過這件事的感想。教室裡一片靜默，只有安靜的沙沙書寫聲。收回感想之後，發現不少孩子寫的內容相當感人，曾被排擠過的女孩寫下：「老師的用意是要讓大家學會：有時候你的一句話，會傷了別人的心。所以，我以後如果人際關係變好，也要去和被排擠的人做朋友，因為我也被排擠過……或許是我很差，但我覺得我真的很努力在跟同學互動，我要做好自己！」

學業優秀的孩子則寫下：「每個人都是自私的，沒有人願意做自己不喜歡做的事，包括我。但我正努力改變自己，我不喜歡被排擠，所以也不會排擠別人！」

這些文字，讓我看得好感動。透過書寫的力量，孩子們的臉上個個呈現出智慧、和善的神情。我說：「希望今天這樣的事件，能為大家上一堂很重要的人生課程，請大家務必銘記在心。有時候，不喜歡某個人，其實是一種觀感問題，並沒有辦法強迫彼此。我們可以不喜歡某個人，但是，我們絕對不可以所有人共同去排擠某個人，因為這樣的行為真的很傷人……」

孩子們，在你們的人生中，會遇到很多需要深思的關鍵時刻，但不見得要跟別人的行為一樣。相信有智慧的你們，絕對可以做出更不一樣、更高尚的選擇！●

Idea Box 7

教學小錦囊

6步驟，化解排擠

步驟1

觀察：察覺排擠次文化

步驟2

處理：表達嚴正的立場

步驟3

引導：分享故事

步驟4

行動：給予補救機會

步驟5

修正：改善被排擠者行為

步驟6

反思：用書寫導引觀念

老師篇

擁抱獨特，咆哮搗亂
偽裝類昆蟲的大蛻變

當老師願意讀懂孩子背後的故事，
自然而然會對孩子多一分憐惜與包容；
奇妙的是，當孩子感受到老師的用心，
他也會深愛這位老師，
願意為這位老師蛻變成更好的孩子！

一位新手老師寫信來，談到最近她在班級處理特教學生被排擠的問題。這孩子在班上時有狀況，造成同學們在言語及行為上總是對他很不友善。為此，這位科任老師感到生氣，和孩子們溝通應該給予這位特教同學多些體諒與包容。不料卻造成這孩子過度解讀，讓他心裡感到受傷。事後，這位老師也覺得十分沮喪。

這封來信，讓我想起了多年前也曾經帶過類似的孩子。希望藉由這個故事，與這位老師分享我這一路走來的心路歷程……

轉個念頭，讓特殊兒被同理

大雄是領有重度情緒障礙手冊的孩子，初見面時，他的臉上總是堆滿怒容，眼裡有著濃濃的敵意。

只要稍有不順他的意，他就會大聲咆哮、亂踢桌椅、滿口粗話。我常因為他的失控行為、粗鄙回話，而被迫打斷教學節奏。

坐他隔壁的女同學常因他的捉弄，被氣到痛哭。當我幫大雄調整座位時，另一位男學生家長也表示無法接受這樣的安排。班上孩子都覺得好困擾，他們說不是刻意排擠他，而是大雄太難相處。有時候，我都懷疑先前哪來的自信，去認領這孩子進入我的班上？某一次的座位安排，還是沒有人願意和他同坐。我只好把課程停下來，和孩子們說起童年的我被排擠的故事。以我曾感受過的無助與憤怒，和他們分享被排擠者的心情。

我的親身故事，讓台下孩子們陷入深思。有善良孩子表示願意坐在大雄旁邊協助他，事後也有孩子寫下：「老師，我回家想了又想、想了又想，我決定了，我要幫助大雄！」

從那天起，我們決定先暫時「視而不見」他在課堂上刻意的搗蛋；生氣時，也留給他時間去發洩情緒；但在他表現良好時，立即給予熱情的鼓勵。

孩子們從嫌棄的角度，轉變成願意協助大雄的立場，意外發現大雄諸多的優點。

每天孩子們在聯絡簿裡，總是一則又一則的接力報導著大雄的善行，而我也樂於和全班分享這些關於大雄的美好紀錄。

有孩子說：「每一次只要聽老師說有關大雄的事，就覺得好感動。因為以前三、四年級時，我很排斥他，我從來沒那樣想過，真希望那時我可以想到那麼深！不應該排斥他的！」

也因為大雄感受到大家對他的善意，他收起了攻擊態度，變得溫和且儘量不發脾氣。髒話變少了，更多感謝的句子從大雄嘴裡說出，大家都感到好驚訝。不僅在生活習慣和人際關係開始進步，大雄連學習上都有大大的進步。不愛寫字的他，認真交出每一份作業，教室裡也常出現大雄和同學一起用功的美麗風景。

兩年下來，大雄進步許多。但成長的不只他，也包括面對他的我。那兩年總是為了他的情緒問題費盡心力；總是為了他的成長而開心，為了他的突發狀況而苦惱不已。但在時而拉鋸、時而困惑的過程中，我不知不覺也培養出對孩子的高度耐心。

雖然已多年不曾有大雄的消息，也淡忘了那些日子相處的細節。但再回想起這故事，內心仍有無限的感慨。我很慶幸多年前的自己，並沒有放棄這孩子。所以才能以微笑而圓滿的心情，來感激這段彼此生命交

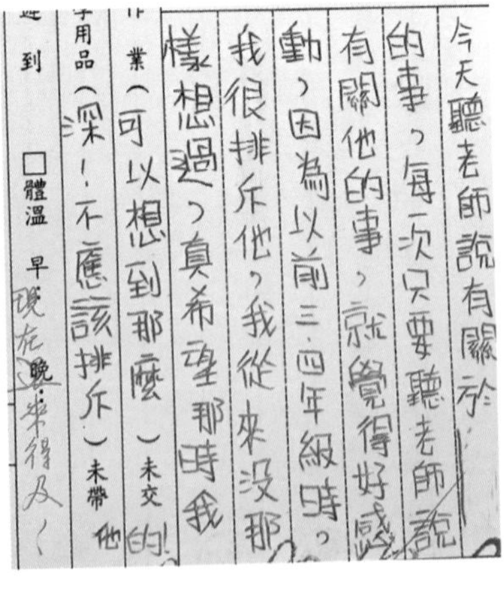
今天聽老師說有關於
的事，每一次只要聽老師說
有關他的事，就覺得好感
動，因為以前三、四年級時，
我很排斥他，我從來沒那
樣想過，真希望那時我
可以想到那麼
深！不應該排斥
的！

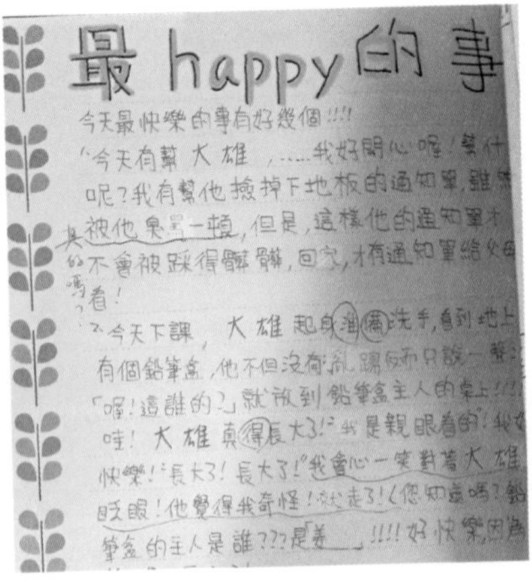

集的緣分。

換個方法，與特殊兒建立默契

書信往返中，我提醒這位老師該立即採取的注意事項。應與導師做好密切聯繫，向導師表達想和這孩子好好修復關係的心意，避免自己陷入被誤解的孤軍奮戰裡。若還不方便和這孩子當面談這件事，可以透過一些小技巧來改善。在課堂上不妨多從一些細節去讚美他；或是在眼神接觸時，對他笑一笑，與他小聊幾句。當師生有情感上的互動，後續要深入溝通就不是難事。

我也和這位老師分享〈化解排擠，學習接納6步驟〉（見本書九二頁），運用方法化解排擠的危機。但最重要的關鍵，還是在於老師與同儕的支持。老師持續傳達出的關愛，將啟動孩子願意改變的勇氣；而同學們的鼓勵，則讓這孩子展現出更加柔軟的一面。

隔了幾天，這位老師傳來了一封長信：

小組分組時，我發現他沒有去找他的組員，我就坐在他的旁邊，請他唸給我聽，趁機跟他聊天。他課文唸得不錯，我便稱讚他，也鼓勵他以後多唸。

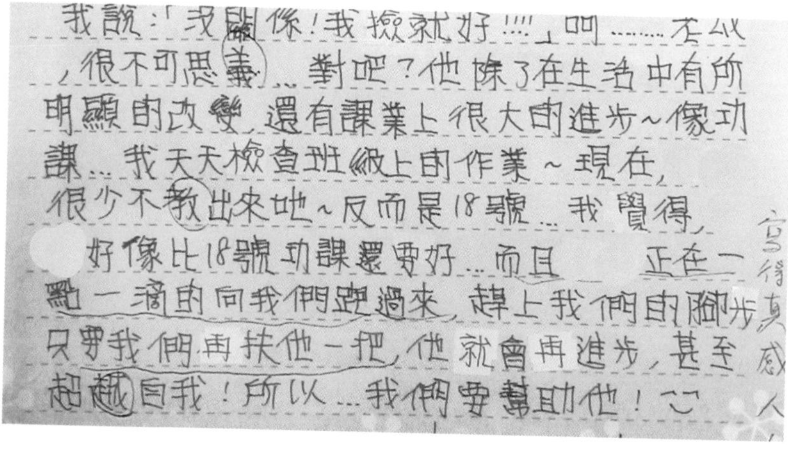
我說：「沒關係！我撿就好!!!」呵……不然
，很不可思義…對吧？他除了在生活中有所
明顯的改變，還有課業上很大的進步～像功
課…我天天檢查班級上的作業～現在，
很少不教出來他～反而是18號…我覺得，
好像比18號功課還要好…而且 正在一
點一滴的向我們跑過來，趕上我們的腳步
只要我們再扶他一把，他就會再進步，甚至
超越自我！所以…我們要幫助他！
寫得真感人

下課後，我將他留下，跟他隨意的亂聊。一開始他心不在焉的回答我，一直想離開教室。後來我問他：「在班上你比較常跟誰玩，或是比較喜歡哪個同學？」他突然轉身走回自己座位，說：「我沒有朋友，我不跟他們玩，我喜歡閱讀。」語畢開始收拾自己的東西，讓我心裡感到微微刺痛。

我陪同他走回教室，他突然停下來盯著牆壁上的自然科海報看。我問他：「你喜歡動物嗎？」他輕鬆的說：「不，我喜歡昆蟲，尤其是僞裝類的昆蟲。我最喜歡竹節蟲跟枯葉蝶，他們有保護色可以僞裝。」

聽到這些話，我的耳際如同打雷般轟隆作響。我眞的好難過，想緊緊抱住他，跟他道歉說「對不起」。

就在快到教室的門口，我對他說：「下次上課提早來，老師教你上次不會的部分，補齊上次作業。」他很開心的說「好」，便進去教室。

回去的路上看到那張海報，我忍不住鼻酸。先是安慰自己：他眞的就是單純喜歡這類的昆蟲，沒什麼。

但我知道一定有什麼原因，讓他想僞裝在這世界，穿戴上他的保護色，不想被大家看見。天啊，我之前到底做了些什麼？

突然我的眼淚一直掉，開始哽咽，最後整個大哭。一直想到他那句：「我最喜歡竹節蟲！」我就感到自責，我一直哭、一直哭……

今天的一小步，是我教師生涯的一大步。我突然發現我開始可以站在學生的立場，看待整件事情。我突然發現學生的幼小心靈，可以是堅強、也可以是很脆弱。而我也不斷回想著我平常對待學生的言行舉止。我會繼續加油的，謝謝你給的力量……

看完這封來信，讓我眼眶也跟著一陣發酸。

擁抱獨特，和特殊兒共同成長

孩子和老師之間，就是這麼奇妙的連動著。當老師願意讀懂孩子背後的故事，自然而然會對孩子多一分憐惜與包容；但奇妙的是，當孩子感受到老師對他的用心，他也會深愛這位老師，願意為這位老師蛻變成更好的孩子！

我要真心恭喜這位老師。這位老師內心感到難受、感到心疼、最後泣不成聲，這些都是一種美好的蛻變，因為她深刻體會到「從孩子的角度來看教育」的意涵。

沒有真正除去想由那種由上而下、想逼迫孩子服從的教師慣性，是無法從學生的角度來思考教育的本質。一旦有了這樣的體悟，教師就更能往與學生想法相契合的方向前進。

不管是我的學生大雄，還是這位老師的昆蟲孩子，這些一如此獨特的孩子，其實都是上天所賜予極珍貴的學習課題。此刻的不放棄、用心的聆聽，正是為了給未來的自己一個最圓滿的生命禮物！

沒有真正除去由上而下、想逼迫孩子服從的教師慣性，
是無法從學生的角度來思考教育的本質。
一旦有此體悟，就更能往與學生想法契合的方向前進。

事隔一個多月，這位老師又捎來一封信，在文字裡，感受到她滿滿的歡喜心情。

關於那位孩子，至今仍努力的跟他培養感情。現在他偶爾會對我說一些貼心話，甚至祝我母親節快樂（哈！），偶爾會很有禮貌的主動找我聊天。而我在他情緒失控的時候，也會讓自己先冷靜幾秒，讓自己更有耐心去解決他的問題。

上星期在另一個班級裡，一位情緒障礙孩子和一位轉學生，在分組時被排擠，那位情障孩子氣得翻倒桌子，躲到我的電腦桌下面，表情十分受傷。

雖然他天天惹我生氣，也吵得同學無法上課，我心底卻有個聲音：我要好好幫忙這位孩子。

我回想著你文章中處理的步驟（很後悔沒有印下來默背一百次），找一位值得信任的同學，帶他們倆去外面欣賞海報，再照著文章裡的步驟一一去做。

我知道魔法是生效的！有幾位小女生下課後跑來跟我說，她們願意跟他們一組，她們說如果是自己這樣被對待也會很難過；幾個男生下課時，也找那位男孩說話。當下動人的畫面，真讓人想落淚。

我即將要滿二十五歲了，真的很高興我在二十四歲時經歷了這些課題，讓我重新省思，找回當老師的初衷及熱忱！●

Idea Box 8

教學小錦囊

5心法，幫助特殊兒融入班級

心法1

分享被排擠者的心情故事，增進班上的同理

心法2

對特殊兒的搗蛋行為暫時「視而不見」

心法3

留時間給特殊兒讓其發洩情緒

心法4

特殊兒表現良好時，立即給予鼓勵

心法5

珍惜他的獨特，發覺他的優點

老師篇

一堂選座位的「人際課」

我不想再有半點強迫，而是真心希望每位孩子都能坐在他開心學習的位子。我也真心希望每次的選座位，對孩子們都會是一堂很值得學習的人際關係課程。

期中考之後，每天都有孩子在我面前碎碎唸：「老師，我們什麼時候要換座位？」「老師，我真的受不了那位同學，他每次小組討論都不配合、作業也不交、打掃都在吵鬧……可以把他調到別組去嗎？」

我的確會在考完試後進行全班的座位大搬風。主要是希望藉由全班打散再重新組合，激勵出新的火花與士氣。不過，孩子們這些話，卻讓我沉思許久。

教書十多年來，各式各樣的座位編排方式都試過。我發現「有條件限制的選座位」

方式，也就是將全班依照高成就、中成就、低成就、開心果、安靜沉默……等不同特質，打散到各組去，比較能夠讓各小組素質平均，同時也讓弱勢孩子充分得到照顧。我也嘗試讓弱勢孩子先選優秀同學為同一組，讓選座位的過程充滿友善的氣氛。

由於是一輪一輪的入座，實在無法滿足每位孩子的期待，因此好爭吵的孩子還是會容易與組內的同學爭吵，弱勢的孩子還是一天到晚在小組裡格格不入，而表現優秀的孩子也常失去了他們的耐心。

每一位孩子都想要得到一個最好的座位。那麼，所謂的「好座位」究竟是什麼？又要如何才能選出每個人心目中的「好座位」呢？

隔天當我宣布要換座位時，全班幾乎歡聲雷動。我說：「不過在換座位前，我希望大家先完成這張『座位與我學習單』，把換座位這件事情想清楚後，你就能選到一個夢寐以求的好座位了。」

六大提問，思考「好位子」

這張學習單裡，共分為六個問題，從個人感受出發，分析現況優、缺點，檢視自我參與度，並寫出對新小組與自己的未來期許：

1. 你喜歡現在這個座位嗎？你喜歡（不喜歡）的原因是什麼？
2. 你覺得你要感謝這座位所帶給你的成長是什麼？

3. 你覺得這個家族（小組）裡最欠缺的特質是什麼？
4. 你覺得一個成功的家族，所需要的特質是什麼？在這部分你有努力過嗎？成效如何呢？
5. 你喜歡和誰同一組？他身上有什麼優點值得你學習的？
6. 到新的家族時，你希望能帶給新家族的成員什麼優點或協助呢？

一看到第一題，大多數孩子馬上滿腹苦水的寫著：「我不喜歡這個座位，因為我們這一組有著一種黑色氣氛，大家都很被動，沒有人願意主動帶動組員。」也有孩子寫下：「不喜歡，因為前面的人一直在管我，讓我覺得很煩。我自己知道自己的問題，不用你一直講。讓我覺得自己被限制住了，不能好好發揮長處。」

至於現階段座位所帶來的成長，不少孩子的回答讓我捧腹大笑。除了正面的學習之外，負面環境所帶來的效益也不少，例如：「讓我學會忍耐。前面的同學一直對我碎碎唸，讓我知道自己沒有做好的地方，讓我可以做得更好。」也有孩子說：「是耐心。因為有些同學功課都沒有交出來給組長，東西都亂放，所以我們學會要有耐心的幫助同學。」

不過當回答到「自己是否也曾努力過」時，倒是有孩子真誠的寫下：「一個成功的家族最需要團結，但是在這部分，我好像從來沒有努力過。如果我們能團結的話，成效應該會很棒才對。」

填答到愈後面的題目，可以發現整間教室安靜了下來，只剩孩子們專注的書寫聲。孩子們都正向的寫下：「我希望能帶給新家族更多知識，並多花一點時間教不會的同學。」連一向不太配合小組活動的孩子，也寫下：「我希望我在新的組別裡，會主動回答問題，不能每一件事都靠組長，我們組員也要幫忙其他組員，不能各自為政。」

自己選組，造成排擠問題

這張學習單裡，也意外讓我閱讀到小組裡潛在的排擠現象、以及每位孩子的不同需求。尤其是那些平時表現優秀的孩子，這些孩子無奈的表示：他們曾試著要讓小組團結，但感覺成效不大。他們表達出想和其他優秀同學坐在一起的強烈意願。強迫他們待在不喜歡的組別裡，長期下來，反而有可能讓這些優秀的孩子變得更加冷漠。

我想了又想。這一次，我不想再有半點強迫意味，而是真心希望每位孩子都能坐在他開心學習的位子。我也真心希望每次的選座位，對孩子們都會是一堂很值得學習的人際關係課程。

我對著全班說：「老師想要嘗試一個新的選座位方式。現在，就請你去找想要坐同一組的組員吧！老師不給任何限制，也沒有預設每個小組的人數。只要你選好小組成員，就原地蹲下來。」

此刻他們的腦子裡，正千迴百轉的糾結著。
如何從只關心個人的喜愛，跨出到與他人的共好，
此刻對孩子們而言，正是最好的學習課程。

孩子們剛開始一陣錯愕，以為是他們自己聽錯了。後來開心的找了好朋友，一大群人抱在一起，臉上的笑容好燦爛。

等到所有人都分好組蹲下來後，我說：「大家看起來都好開心，不過，身為一位老師，還是不能讓大家按照現在的方式來分組。」我繼續發問：「有沒有哪位同學能告訴大家，為什麼老師沒有辦法讓大家這樣進行分組？」

孩子們開始舉手發言：「因為我們現在都是男生在一組、女生在一組。男生和女生之間沒有交集。」

「非常好的答案。還記得剛開學時，我說過我們班上的特質之一，就是男生和女生之間太壁壘分明嗎？如果照這樣坐下去，肯定班上男生和女生之間更不往來，彼此之間吵得更凶。」

我繼續追問：「除此之外，還有沒有其他的原因？」

其他孩子說道：「我們現在的分法，是優秀的同學都在同一組裡，像那一組裡有三位優秀的同學，可是其他組別的組員都很沉默。」

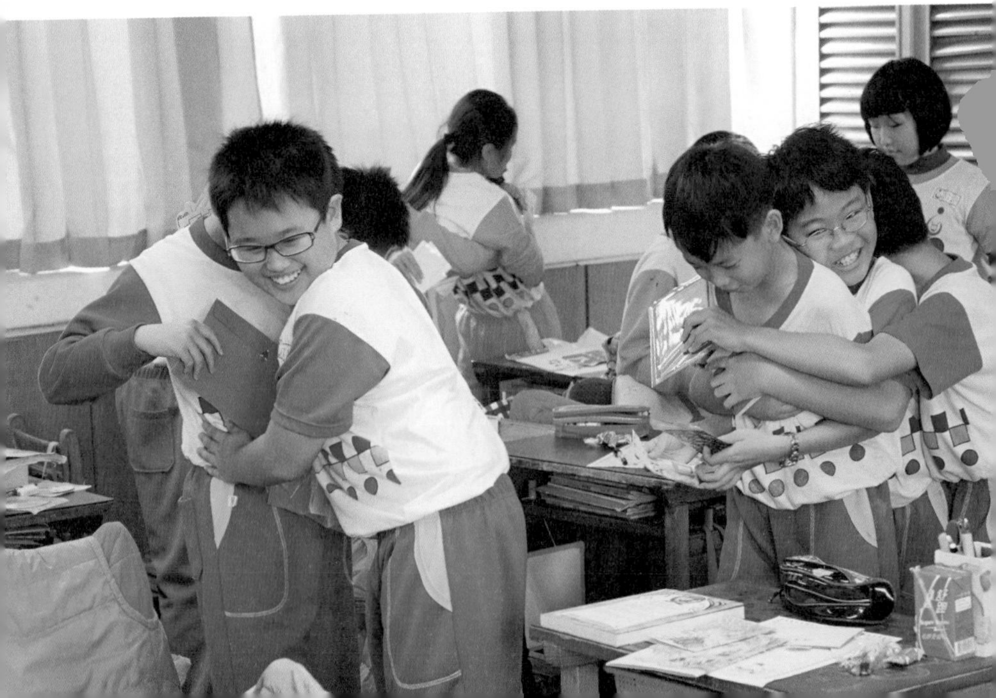

優秀的孩子反駁說：「可是我們也需要學習啊！我國語沒她那麼好，我也可以教她數學……」

我說：「大家能不能左右看一下，看看每一組裡發生了什麼事？」於是他們發現一些平時人際關係不太好的同學，還有一些比較內向害羞的孩子，默默蹲在教室的角落裡，人數最少的組別只有兩個人。

我說：「除此之外，這樣的分組方式也不利於老師上課。試想老師讓大家進行討論時，會不會有些組別的回答總是特別完整、而某些組別始終無法形成結論？」

全班孩子靜默無聲。此刻他們的腦子裡，正千迴百轉的糾結著。如何從只關心個人的喜愛，跨出到與他人的共好，此刻對於孩子們而言，正是最好的學習課程。

我微笑的說：「那麼，可不可以大家選出一個你自己喜歡的、也符合老師想像的組別呢？老師理想中的組別，是男生女生平均分散在各組裡；同時各組裡有優秀的同學、也有需要被協助的同學。」

換位思考，懂得共好

於是我們全班再進行一次選組別。此時，各組開始會邀約另一組的男生或女生加入；表現優秀的同學，也討論彼此的去留；弱勢孩子及人際關係較不佳的孩子，則成為被邀請的對象。

最後，教室裡呈現十分奇異的畫面：有四人一組，也有五人、六人一組；有高成就學生，獨自一人帶領中等成就的同學；有整組裡都是中成就的同學；也有兩位高成就同學，一同帶領著三位低成就同學……每一組的分組方式，都獨特到難以歸類，但每張臉上都是開心的笑容，沒有人是苦著一張臉。

重點是，整間教室裡，沒有任何一位孩子被丟下。

因為此刻的座位，是他們最喜歡的座位，也是符合老師想像的座位；是一個適合自己學習特質的座位，同時也是能充分發揮合作精神的座位。

新的分組方式，目前已實施將近一個月了，效用仍持續發酵中。由於新組別裡有著好朋友的情感連結，因此他們能對其他成員有著更多包容，進而發展成為合作夥伴的關係。

因此，好爭吵的孩子會儘量收起批評的習慣，因為組裡都是會包容他的好友；而個性溫和的優秀孩子，會和另一位優秀同學成為彼此支撐的夥伴，再努力帶給組內其他弱勢同學一股安定而友善的力量。

對我而言，這是一次全新的體驗。沒有任何人感受到委屈或被強迫，每位孩子都能重新思考座位與自己、座位與他人的關係，找到符合自己學習特質的位置，這不正是一個最好的座位嗎？●

Idea Box 9

教學小錦囊

6Q，帶孩子省思人際關係

Q1 你喜歡現在這個座位嗎？你喜歡（不喜歡）的原因是什麼？

Q2 你覺得你要感謝這座位所帶給你的成長是什麼？

Q3 你覺得這個家族（小組）裡最欠缺的特質是什麼？

Q4 你覺得一個成功的家族，所需要的特質是什麼？
在這部分你有努力過嗎？成效如何呢？

Q5 你喜歡和誰同一組？他身上有什麼優點值得你學習的？

Q6 到新的家族時，你希望能帶給新家族的成員什麼優點或協助呢？

家長篇

從生氣到抓狂，實際演練走一遭

每次衝突就代表著一次絕佳的練習機會。和孩子聊聊在學校裡發生的大小事，也透過這些親子對話，練習同理他人的能力。

剛帶這個班級時，每天都有孩子的紛爭得處理。有時短短十分鐘的下課時間，我得同時處理三件突發的爭吵、惡作劇及打架事件。

這主要是因為這班孩子多數較個人主義，很難同理他人。因此在與他人相處時，只在乎自己的感受，而未進一步去思考他人感受及事情背後的起因，常常在第一時間內，以牙還牙的動作及傷人的話語就脫口而出。

我很希望孩子能具備同理心，因此花很多時間在教他們如何解決紛爭。奇妙的是，當我請孩子換成他人感受來思考這些衝突時，孩子會有種恍然大悟的表情。再重新跳回自己的立場時，他們就開始用不同思維來處理問題。

從他人的感受來思考問題

女孩一早就跑來告狀：「老師，你可不可以讓那位值日生不要坐在我後面？我一定會跟他吵架的……」

要出門上游泳課了，我無法太深入跟她談。我只能請她把游泳用具帶著到外面排隊，跟她說回來後我會處理這件事情。

於是女孩開心的到外頭去排隊。在前往游泳池的交通車上，我刻意坐在女孩身旁，和她聊聊出門前發生的事。

女孩說：「因為他坐在後頭都會弄我啊，踢我椅子，叫他不要踢他還愈故意，我就會跟他吵起來……」

「老師很開心你察覺到你們之間是水火不容，並有試著提出解決的方法。不過老師覺得這樣的解決方法，對老師而言，只有逃避相處而已，而沒有試著去解決這個問題，所以才想和你聊聊。」

我繼續說：「那你覺得他為什麼每次都會故意踢你？他跟別人相處也會這樣嗎？」

其實女孩和他人爭吵的頻率也頗高，這問題讓女孩深思沒有回答。

「我們再換別種方式來想這個問題。假設你就是後面那位值日生，坐你前面那位同學，回過頭來喊你『不要踢我的椅子』，為什麼你還踢？」

女孩說：「因為前面的同學他語氣很凶，所以我就故意再踢他……」

我說：「嗯，很好的轉換立場。那再跳回來你自己，那如果你現在坐在前面，你要怎麼做才好呢？」

「把椅子坐前面一點。」

「把椅子坐前面一點？」這回答出乎我意料之外。

女孩說：「對呀，這樣他就不會一直說我坐得太後面，也不會踢到我的椅子了。」

呵呵，這也不失一個好方法。有點出爭吵的主要原因了，原來就是椅子坐太後面互相干擾的結果。

不過女孩還是習慣用「我」的觀點，來思考事情的始末。一時之間，要根除這樣的習慣，也不是件容易的事情。

我說：「其實啊，你有沒有發現，你和班上的男生常有言語衝突。老師是想要教會你，有時候換個角度，來思考別人的想法，事情就不會這麼嚴重，同時也會有不一樣的結果。」

女孩點點頭。

「像這位同學，我還在調整他的情緒管理問題。其實他心地單純，好好跟他說話，他就會乖巧又好相處，但是大家對他都凶巴巴的，他反而會情緒大暴走。我們試著用他的感受來想事情，你不覺得他的處境很可憐嗎？如果是我，我也不喜歡全班同學這樣對待我。請把他的問題留給老師來處理，你就試著跟他好好說話，好嗎？」

女孩說了聲「好」。於是，我們小小的練習了一下，該如何態度溫和的表達自己的想法。過沒多久，游泳池就到了，也結束了這次小小的情緒輔導課。

當天，這兩位孩子還是坐在一前一後，沒有挪動任何位置。而且當天這兩位孩子也沒有傳出任何的爭吵聲。

我常覺得：對於現在的孩子而言，情緒管理很重要，教他們如何正確且溫和的表達自己的情緒和想法，也很重要。更重要的是，老師帶孩子去模擬實境、讓他們去設身處地去感受別人的感受，這才是孩子願意放下固執思維的關鍵。

親子對話，操練同理心

現代孩子缺乏同理心，源自於現今多為小家庭，孩子在家裡大多是與大人相處，欠缺與兄弟姊妹的互動環境。當大人們無微不至的照顧孩子、處處讓著他，孩子自然而然就缺乏面對紛爭、同理他

人的練習機會。

小蘇姑娘也是獨生女，平時不容易看到她與其他孩子的互動情形。但只要與她同學一起出遊，或是遇到了堂哥表姊、其他年紀相仿的小孩時，衝突的機率就升高了。

因此對我而言，每一次衝突就代表著一次絕佳的練習機會。我喜歡和她聊聊在學校裡發生的大小事，也透過這些親子對話，練習同理他人的能力。

1. **陳述發生的經過**

小蘇姑娘說：「昨天小妮生氣我。」

我問：「發生了什麼事呢？」

「我這樣摸她一下，她就說：『你很奇怪耶！』所以我覺得她在生氣我。」

再進一步請小蘇姑娘完整描述整個過程，原來是小蘇姑娘想和小妮玩，輕輕在她的額頭點了三下，結果小妮就生氣了。小蘇姑娘認為她只是摸而已，不曉得小妮在氣什麼。

2. **釐清當下的情緒及來源**

小蘇姑娘年紀還小，很難用口語引導她做轉換立場的同理練習，因此我拿出情緒卡來幫她釐清整個過程。我說：「現在這裡有六張卡片，有快樂小猴子、生氣小猴子、傷心小猴子、害怕小猴子、討厭小猴子、嚇一跳小猴子，你跑去跟老師說這件事情的時候，你是什麼心情呢？」

小蘇姑娘選了「驚訝」卡片。

「哦，你選了嚇一跳，還有其他嗎？有沒有生氣？傷心呢？」

再進一步引導她為什麼產生這樣的情緒：「所以你只有嚇一跳的心情？爸爸很好奇你怎麼選了嚇一跳小猴子呢？」

小蘇姑娘說：「因為我只是跟她在玩，我不知道她為什麼要生氣我？」

3. **辨視他人的情緒**

我問：「那你選看看，你覺得小妮會是哪些卡片呢？」

小蘇姑娘馬上選了「憤怒」情緒。我又問：「還有其他的嗎？」小蘇姑娘搖搖頭。

我問：「你是這樣弄她的嗎？」我試著模擬看看，我用食指點了小蘇姑娘的額頭。

小蘇姑娘說：「我只有輕輕的點她三下而已。」

「小妮之前本來在做什麼？」

小蘇姑娘說：「小妮本來在跟小默搶老師的塑膠槌。」

「哦，所以本來她在跟其他人搶東西？那當時，她的表情是什麼？」

「她本來是這隻生氣小猴子。」小蘇姑娘在一堆卡片中，選了表情沒那麼凶的「生氣」卡片。

我問：「所以她在跟別人搶槌子的時候，是『生氣』小猴子，後來你跑去點點她的頭的時候，她就變成『憤怒』小猴子了？」

在這樣的練習中，小蘇姑娘覺察了自己的情緒，
也懂得他人的情緒及來源；更在練習之中，
去思考別人希望被善待的方式，以及學習解決生活中的衝突。

「對，不過我只有輕輕的點她的頭而已。」小蘇姑娘還是很堅持這個輕輕的動作。

4. **釐清他人情緒的原因**

我說：「所以你想看看，她在跟人家搶東西，結果搶輸了……」

小蘇姑娘接話說：「然後我還去輕輕點她的頭，所以她就更生氣了。」

「對呀，她那時候已經變成生氣小猴子了，你還過去點她三下額頭……」

「輕輕的。」小蘇姑娘還是不忘強調這三個字，讓我差點笑出來。

「好，你現在演出小妮搶輸槌子的表情，對，就是這張生氣小猴子……然後我跑過來，輕輕的點了你三下額頭，你會覺得怎麼樣？」

小蘇姑娘又從卡片中，再挑出一張更生氣的「抓狂」卡片來。

小蘇姑娘說：「就變成這張大生氣小猴子了。她還說不要當我的好朋友。」

我試著釐清：「所以小妮搶輸槌子，成為一點點的『生氣』；你點她的頭之後，她就變成『憤怒』；你們吵架之後，她就變成了『抓狂』了。」

5. **思考他人希望被善待的方式**

我問：「你想當小妮的好朋友嗎？」

小蘇姑娘說：「想啊，可是我沒有辦法控制她在生氣。」

「現在你希望小妮變成什麼樣的表情呢？」我請小蘇姑娘從一堆卡片裡，再找出一張她希望小妮後來改變的情緒。

「哇，是『放鬆』。那我們要怎麼做，小妮才會變成『放鬆』小猴子的表情呢？」

小蘇姑娘說：「沒有人跟她吵架，也沒有人點她，也沒有人跟她搶槌子，她就會變成『放鬆』小猴子的表情了。」

我又問：「那你該怎麼做呢？她那時候已經有點生氣了，她會希望你跟她講什麼？」

小蘇姑娘說：「跟她講親切溫柔的話。」

6. 反覆練習合適的做法

「假設你是小妮好了，你搶輸槌子，所以拿著『生氣』小猴子的卡片。那我是小蘇姑娘，你看我做什麼你會比較喜歡？」

我輕輕點了三下小蘇姑娘的額頭，她手上馬上換成「憤怒」卡片。

我又換了語氣說話：「小妮，槌子我們之後再去跟老師拿，好不好？我們現在一起玩吧！」「好！」所以她的手上卡片，換成了「放鬆」卡片。

「所以下一次知道該怎麼做了吧？」

小蘇姑娘點點頭。我繼續說：「小妮其實不是在亂生氣，她希望……」

我話都還沒有說完，小蘇姑娘就補了一句：「她希望有人可以安慰她。」

我很開心在這樣的練習中，小蘇姑娘覺察了自己的情緒，也懂得他人的情緒及來源；更在練習之中，去思考別人希望被善待的方式，以及學習解決生活中的衝突。

少子化的世代來臨後，具備同理心，將成為適應未來的重要關鍵。能同理他人的孩子，在與人相處時不致遇到太多挫折；能同理他人，也能帶來好人緣，有效擴展人脈與工作機會。更重要的是，同理的過程，孩子能體察父母的辛苦，改善親子之間的關係。我們是如此珍愛我們的孩子，那麼就應該善用這一次又一次的練習，及早先為他們做好準備。●

Idea Box 10

貼心小叮嚀

6絕招，幫助孩子換位思考

絕招1
陳述發生的經過

絕招2
釐清當下的情緒及來源

絕招3
辨視他人的情緒

絕招4
釐清他人情緒的原因

絕招5
思考他人希望被善待的方式

絕招6
反覆練習合適的做法

chapter 04

Future Class
In Session!

精雕自律

正向心理學家馬丁・賽力格曼(Maritn Seligman)的研究證實:自律比智商更能預測學業成績。著名的「棉花糖實驗」也發現,能延宕滿足的孩子,未來會比較理性、專心、善於計畫。

老師篇

老師，讓我來，我可以！

孩子參與團體活動的熱情，
本來就需要大人去鼓舞、去細心呵護。
轉換一下說話的方式，
透過有效傳達的說話技巧，
就能激勵出孩子們想參與的熱情。

一位老師憂心忡忡的問道：「蘇老師，怎麼辦？我總覺得我班上的孩子很沒有熱情，都開口請他們幫忙做一些事了，孩子全都意興闌珊、愛理不理的，有什麼好方法可以激發出他們想參與的動力呢？」

這個問題其實隱含的形成因素很多，可能包括：老師和孩子之間的信任感、同學之間的關係和諧度、班上品格教育的落實情形、給予優秀行為的正增強方式……但是，其實有時候我們可以轉換一下說話的方式，透過有效傳達的說話技巧，就能在第一時間內激勵出孩子們想參與的熱情。

把苦差事變成英雄任務

最近在班上發生一件有趣的事，這個月正值我們學校熱鬧滾滾的校慶運動會，學校老師來到班上，用十分抱歉的語氣說：「蘇老師，你們班上的班旗一直都沒有給你們，真的很不好意思。現在終於找到這面班旗了，不過它有點髒，可能要請你們自己幫忙清洗一下……」

其他班級的班旗，早已威風凜凜的飄揚在運動場上；我們班這面班旗是翻遍了體育器材室才被找出來，多年的汙漬讓這面班旗看起來又黑又黃。我笑著對學校體育組長說：「沒關係，我們班自己來刷洗就好了。」

我本來想帶回家自己洗，一旁的孩子們探著頭問：「老師，這是什麼啊？哎喲，這面旗子怎麼會這麼髒呢？」

我想了一下，也想要讓班上孩子一起加入愛護班級榮譽的行列。於是我站上講台，表情凝重的對著班上孩子說：「各位同學，我們班最近出現一個『超級』大危機……」我眉頭深鎖，苦著一張臉，彷彿酷斯拉就要來毀滅地球了。

「老師，究竟是什麼大危機？」孩子們緊張的問。

「唉，說來話長，就是啊……我們班上的班旗，今天終於拿到了……」我攤開班旗接著說：「但是，你們看，它現在變成這麼髒了……」我的臉苦到極點，幾乎都快變形了。

「對呀，我們剛才有看到……」孩子們面露嫌棄的表情說著。

我說：「所以，現在我們需要一位『善心人士』，不知道有沒有人願意把這面班旗帶回家清洗呢？好讓我們班上有一面可以飄揚在運動會的嶄新班旗。」

一些熱心的孩子，全在第一時間舉起了手。「老師，我我我，我可以把班旗帶回家清洗……」孩子們舉著手熱情的說著。

「哇，沒想到這個班上有這麼多善良的同學，老師實在好感動！」說完，我順勢假裝擦了一下眼角的眼淚，台下的孩子們都笑了。

「但我怕你們帶回家去，會增加媽媽的負擔，你的媽媽還可能說：『為什麼要認領這種苦差事，帶回家來增加我的麻煩呢？』所以我想要徵詢的是平時就會自己洗衣服的同學……」我這麼說。

這樣一問，又有更多人舉起手。小孟說：「老師，我平時就會自己洗衣服！」小軒說：「老師，每次書法課弄髒衣服，媽媽都叫我自己想辦法，我只好自己洗衣服……」

我又說：「但是，這面班旗很髒耶，這是一個非常、非常、非常……辛苦的工作！我需要的是很認真、很仔細、會把這面班旗恢復成原狀的大善人啊！」

這麼一說，幾乎全班孩子都舉起了手，每個人都拍著胸脯保證，小昱還大叫說：「老師，再髒的衣服我都洗過，我可以、我可以！」

看著全班孩子聲勢驚人的毛遂自薦，我做出超級大的驚嚇表情，「哇，這個班上怎麼有這麼多『善心人士』？老師好感動啊！（順便再假裝擦眼淚）……不過，這樣老師怎麼選人都不對，這這這……實在是太為難人了！」

全班的孩子還是繼續舉著手、一直「我、我、我……」的在我面前跳呀跳的。於是，我一臉苦惱狀的用力思考了一番後說：「要不然……你們用猜拳的好了，誰猜贏，就能把班旗帶回家清洗。想猜拳的人，就出來講台這邊集合吧！」

我話還沒有說完，全班半數以上的孩子，就像跑百米比賽般的衝了出來，他們圍成一團開始猜拳，結果猜了老半天還猜不出輸贏來。最後，我們只好分成男生、女生兩群各自猜拳，當男生冠軍及女生冠軍相繼出爐時，他們開心的歡呼著。

而男女對決時更是激烈，全班孩子各自為自己的選手加油打氣。「剪刀、石頭、布！」全班聲勢浩大的齊聲喊著。最後，是小昱獲得最後的勝利，他開心的跳了起來，並且喜孜孜從我手上接走了又髒又神聖的班旗。

隔了一個週末回來，一面嶄新、閃閃發亮的班旗，一早就被摺得整整齊齊的放在我的桌上。我知道，這面新班旗，裡頭有著小昱的細心與愛心，看完了他當天的短文，我更是大吃一驚。

小昱寫著：「我跟媽媽花了三天才洗好這面班旗，我跟媽媽先把班旗用手搓洗乾淨，再用洗衣機清洗、脫水、晾乾。我們的班旗變得非常、非常乾淨，看起來亮晶晶的……」

一面髒到不行的旗子，意外變成了廝殺激烈的搶奪戰對象，這真讓我始料未及。我在全班面前讚美著小昱，頒給他獎譽小卡，並且和全班孩子分享這面班旗是如何被小昱全家細心的照顧著。小昱頓時在全班女生心目中建立起超完美的好男人形象。

這樣的歷程對孩子而言，就是一種最好的學習。如果當時我把這面班旗直接丟給某位孩子，他們只會把它當成是老師交代的任務，隨便清洗一番；或是內心多有委屈；或是需要老師千叮嚀、萬拜託，才會得到更多的認真對待。但是當我們換個方式好好說時，得到了這樣令人驚喜的激勵成效。

迷人話術，激勵孩子主動參與

說話，真的是一項大藝術！當大人的我們可能要先修正我們說話的習慣，收起命令的語氣，用充滿信任的期待感，讓孩子享受在全心參與的樂趣中。

那麼我們要怎麼運用這樣的說話技巧，鼓勵孩子更積極參與那些「避之唯恐不及」的班級事務呢？以孩子很不愛的「掃廁所」工作為例，與其我們採用輪流或指派的方式，倒不如用激勵人心的話語來換句話說：

1. **營造危機感十足的情境**

「天啊，最近我們班的廁所掃地區域有點狀況，除了臭味四溢，垃圾和便便也到處都是。哦，不，這樣下去可能連我們自己都不敢去上廁所了；而且，我們班上的整潔分數，也會被瘋狂導護生給扣光光耶！」

2. **邀請孩子一起協助解決難題**

「之前打掃的同學們都很認真了，但是我們可能需要更有方法、更想把廁所打掃好的同學來幫幫忙。不知道有沒有認真又負責任的勇士們，可以協助我們解決這個大難題呢？」

3. **讚美願意參與的志願者**

「好多人都舉手了，哇，原來我們班上這麼多小天使啊！每位同學都這麼熱情，大家快給這些小天使掌聲鼓勵一下。」

4. **賦予任務崇高的意義**

「不過啊，這個任務真的很辛苦！因為這些勇士們需要忍受廁所裡的異味、倒掉垃圾桶裡的髒垃圾、刷掉馬桶旁邊不小心跑出來的便便、有時要忍受冬天寒冷天氣刷洗地板；甚至還要幫忙做好廁所的綠化、美化布置……所以能夠做好掃廁所這個任務的人，真的稱得上是勇士，很了不起哦！」

說話，是一項大藝術！當大人的我們，
可能要先修正我們說話的習慣，收起命令的語氣，
用充滿信任的期待感，讓孩子享受在全心參與的樂趣之中。

5. **減少名額以提高競爭性**

「大家都舉手了，但我們班上還有其他掃地區域，所以我們只能派出六個打掃名額。老師好苦惱要選誰，這該如何是好？大家有沒有更好的方法呢？」

6. **給予執行者鼓勵與讚美**

「這些勇士真了不起，今天盡責的把廁所打掃乾淨，整間廁所看起來既潔白又明亮，而且還飄著芳香。很多老師看了都嘖嘖稱奇，請大家給予他們最熱情的掌聲吧！」

經過老師這樣的引導，相信下次在推動班級公共事務時，就會有更多熱心的小天使現身。

孩子參與團體活動的熱情，本來就需要我們去鼓舞、去細心呵護。我們大人在傳達一件事情時，真的需要認真去思考：如何說，才能說出激勵孩子熱情的話語？如何說，才能將平淡無奇的小事，賦予它更多價值呢？●

I d e a B o x 11

教學小錦囊

6招話術，讓孩子搶著做

招數1

營造危機感十足的情境

招數2

邀請孩子一起協助解決難題

招數3

讚美願意參與的志願者

招數4

賦予任務崇高的意義

招數5

減少名額以提高競爭性

招數6

給予執行者鼓勵與讚美

老師篇

收起委屈的眼淚，我願意改進

透過一次又一次的犯錯與修正，
孩子明白了
老師那無可撼動的溫柔堅定的內心，
他們終將開始蛻變。
在每一次過錯中，都有顯著的成長。

朋友說：「看你總是輕描淡寫的就能處理孩子的問題，你真是有孩子緣！」

不不不，不是這樣的。當每一位孩子發生問題時，我總是花上比別人更長的時間來和他們溝通，一節課、兩節課、一個早上、甚至是連續好幾天的時間。因為我想要改善的是那偏差行為背後的態度問題，我想要教會這孩子、甚至是引導孩子重新建構他們的價值觀與信念。

舉個例子：這孩子幾天來的狀況極多，前一天打掃時十分不認真；今早來學校，組長在收作業，他卻不耐煩的大聲回話，請他來解釋，就哭著一直說別人找他麻煩。上科任課前全班在走廊排隊，班長請他快些排好，他還一副「你少管我」的模樣，趁著大家不注意，故意推倒一群人……

我當下制止這場混亂，並請他過來：「你剛才做了什麼？」

孩子一臉無所謂的態度說「沒有啊」，我再嚴肅的問一次，他才說：「有人不小心撞到我，所以我就推同學。」一副完全不關他事的模樣。

其實我剛好目睹這紛爭的所有經過，明明他就是所有紛爭的源頭。這幾天不斷和他好好溝通、他也滿口說「要改進」。但眼見「好好說」這方法效用有限，該是請他和自己好好聊一聊的時候了。他一聽到要寫反省單，開始哭哭啼啼的說「不要」。後來，又對著一張空白紙哭了好一陣子。

從調整情緒開始引導

我說：「還記得前幾天我們談過你的情緒問題嗎？你總是習慣在第一時間就用哭泣來面對事情。但是我們也談過，用眼淚來處理事情只是一種逃避而已。眼淚，應該是感到抱歉而流下的懺悔眼淚，而不是覺得很難過、覺得自己受委屈的眼淚。」

我繼續說：「我並沒有為難你，寫這張反省單，是為了讓你有機會和自己聊一聊，這並不是一種處罰。所以請你把委屈的眼淚收起來，除非你真的覺得很抱歉。」

之前和這孩子交手過幾次，他知道我很認真在處理他的情緒問題，於是抽抽噎噎的慢慢止住了眼淚。

「對，你做得很好。但不是只有忍住不哭而已，你的臉上還有難過的情緒在，眉毛這裡有、眼睛這裡有、嘴角這裡也有……請你先深呼吸，把自己的情緒整理好。」

孩子用力深呼吸了幾次，緊皺的眉頭慢慢鬆開來，抿著的嘴角也勉強上揚著。這是多次師生交手後他的學習成果。我說：「對，就是這樣，你得把難過的情緒全都釋放掉，我們才有辦法開始對話。」

於是，擦乾眼淚的他窩在教室後頭，開始他漫長的「寫反省單之旅」。他左顧右盼的很不專心，有時望著公布欄出神、有時咬著筆桿發呆，所以後來我乾脆坐在他身旁，並且給他一些書寫方向的建議：「你可以把剛才發生了什麼事情先寫下來，不過請你寫自己的部分，不要一直說著別人的不是。」我也採取緊迫盯人的方式，每幾分鐘就瞄一下他的進度，出神發呆時就指正他、寫得快又好就讚美他。

當成功寫下第一句話之後，孩子開始一句又一句的寫下，接著奮筆疾書。最後孩子的反省單上頭是這麼寫著：「今天，我在要排隊去上課的時候，故意把同學撞倒，

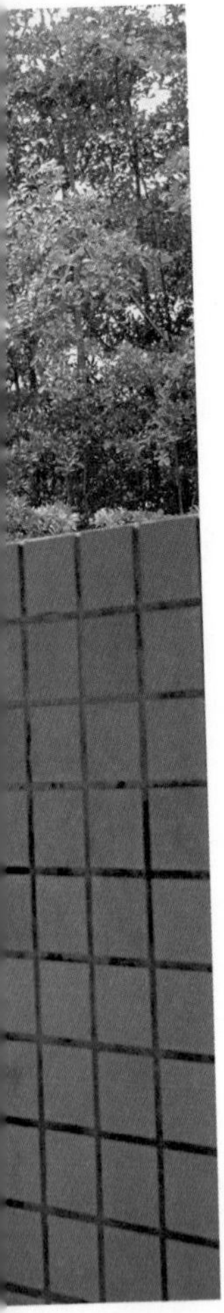

害他去撞到別的同學。我還說：『我只是要幫你拿鞋子而已。』班長在警告我，我還在狡辯。」我很訝異，我以為會收到一張敷衍應付的反省單。但是這張反省單上頭，「故意」、「狡辯」……這些字句，是跳脫情緒後重新觀看自我行為的深層反思。孩子內心那長久以來的固執，此刻開始鬆動。

讚美想改變的心

「很好，這些文字裡頭看得到你的誠懇，你終於願意好好面對自己的錯誤了。」我認真的稱讚他。孩子聽到我的讚美，臉上出現一抹不好意思的笑容。

「這一段寫得很好，但是還是不完整。你只有告訴我做錯了什麼，但並沒有告訴我『為什麼』這事情是錯的？請你再去補寫完整些。」

孩子又回去重寫反省單，因為受到老師的稱讚，所以這次他寫得快多了。再過來時，反省單上多了一段文字：「我不該在拿鞋子的時候，故意把同學撞倒。我不該在班長警告的時候，還跟他狡辯。昨天，我在打掃的時候一直玩，老師叫我去反省，我還在玩，害老師生氣了。老師，對不起！」

孩子將更多犯下的過錯寫下，最後還主動寫了一句：「老師，對不起！」雖然字句反反覆覆的出現，但讀得到他的心意。我抬頭看著這孩子，臉上早已沒有自怨自艾的難過情緒，只有澄明而堅定的眼神。

我稱讚的說：「對了，這就是正確的表情。從你的眼神中，我看到了想認真面對自我的決心。你心裡覺得很對不起老師嗎？」

孩子點了點頭。

我說：「就像老師常跟你說的，老師從來沒有想要為難你，我只想要教會你而已。寫反省單，是為了讓你更了解自己的問題在哪裡，讓你把自己教會。」

修正態度上的錯誤

我在反省單的字句上劃了重點，對著孩子說：「現在還差一個步驟。剛才你寫的，只有行為上的錯誤，而不是態度上的錯誤。現在你還要再補一段，究竟你在想什麼？當時在想法上出了什麼錯？……你願意在反省單裡頭，努力的把自己教會嗎？」

孩子說了聲「好」，語調低沉而緩慢，這聲音情緒中表達出十足的誠意。

於是他又走回座位，花了一段時間補上這段文字：「當班長在警告我，我那時心裡在想：班長好可惡，換我當班長時一定要一直警告他……故意把同學撞倒時，我跟同學亂說：『我只是要幫你拿鞋子而已……』打掃在玩、被老師叫去反省還在玩，那時我心裡想：沒關係，反正待會我很快就可以回座位了……我覺得我很對不起老師！」

「對了，你很棒，你現在把自己教會了，這就是行為錯誤背後的態度問題。態度

我從來沒有想要為難你，只是想要教會你而已。寫反省單，是為了讓你更了解自己的問題在哪裡，讓你把自己教會。

上的錯誤若願意去面對，才有機會改變，自己下次才不會再犯錯。」

我請孩子暫時搬到我身邊來坐，讓他寫下對自己的信心喊話，並且將這張「信心喊話」夾進桌上的透明L夾中。我說：「沒有人想要罵你，但真正能改變這樣生活的人，只有你自己。」孩子點點頭，因為這是每一次和他溝通的問題癥結。

這孩子最大的問題，就是他固著在自己的行為模式裡，卻用負面情緒在面對生活裡所有的人事物。放進桌上L夾裡的目的，就是希望他一低頭，就能看到自己的問題；一抬頭，就湧起一股想要面對自己的強大信念。

讓特點變成亮點

孩子在我身旁坐了一個星期，上課時我會請他再專心一點，寫作業也會提醒他字體再工整一些；他情緒上來時，我會請他再放輕語調好好說話……這幾天，只要我改完作業，他都會搶著幫忙發，講話也變得輕聲細語，更加的有禮貌。這些細微處，都可以看得出他想要改變的決心，最重要的是，他能夠正面迎向我的眼神，臉上保持著開朗的笑容。

昨天聯絡簿裡的「創意急轉彎」短文創作，他寫了一篇很有創意的故事，我拿著他的作品和他討論：「哇，你寫得超好的，劇情有創意但又很合理。你的創意發想，超乎其他同學的水準，這是他們想像不來的。你的內在有你的優點，要儘量展現出來。不要讓自己每天被唸，而讓別人看不到你的優點。」

今天中午，我和桌旁的他邊吃午餐邊聊天，師生兩人享受了一段很溫馨的午餐約會。不知怎麼了，他突然冒出一句：「老師，我覺得你好辛苦哦！」

「為什麼呢？」「因為你要上課、要幫我們改好多作業、還要幫我們訂正作業、又要處理我們好多問題，而且每天都很晚才吃午餐……」

我笑著說：「辛苦啊，當老師真的很辛苦。可是，要看它值不值得。改作業是小事，處理你們每天有的沒的狀況，那就真的很辛苦，尤其是有時你們很固執、讓我苦戰很久。但是，如果大家像你現在態度這麼好，雖然很辛苦，老師心裡也會覺得這是值得的！」

孩子笑了笑，接著他說：「○○○也很固執，他們也需要來老師身邊坐坐……」說著說著，我們都大笑了。

中午過後，我就讓這孩子搬回他自己的座位。離開前，他還特地摺了一架紙飛機送給我。午休時，我不經意的瞄見他正幫我把碗筷的水漬甩乾、幫忙把全班的餐具擺好。其實這孩子有好多的優點，此刻他認真的背影，讓人看了心裡是既感動又疼惜。

這樣與孩子交手的歷程，是十分繁複的長期抗戰，有時候連我自己也累壞了。而且這不是第一次，相信也不是最後一次。但是，孩子透過一次又一次的犯錯與修正，他們明白老師是無可撼動的溫柔堅定。他們終於開始蛻變，在每一次過錯中，都有顯著的成長。

是的，就是「溫柔」而「堅定」！堅定，不是個簡單的玩意；堅定，其實是「跟你拚了老命也要把你教好」的決心！●

Idea Box 12

教學小錦囊

4步驟，帶孩子從錯誤中成長

步驟1

引導孩子正視自己的情緒

步驟2

檢視自己的行為

步驟3

修正態度上的錯誤

步驟4

發掘孩子的亮點

老師篇

孩子一再犯錯，怎麼辦？

「想教會孩子」的心意，
應比「想處罰他」的情緒來得更為重要。
在溝通的過程中，
孩子是能清楚感受到
老師所展現出來的差異。

一位老師寫下這段話：「怎麼辦？我快被這學生氣死了，一而再、再而三的犯錯，屢勸不聽……我沮喪極了，幾度想要把他放生……」

我懂這位老師的心情。身為一位用心的老師，誰不希望孩子能夠從錯誤中覺醒呢？我也曾經用盡全力教導犯錯的學生，從他的反省單上看到他認真想改變的決心；然而，卻也在事隔幾天後，又看到他犯下相同錯誤，當下內心真是滿滿的失望情緒。

但這位老師所說的話，突然讓我想起了一段小學一、二年級的往事……

用包容等待覺醒

低年級的我，是班上成績很好的學生。但從小因為爸媽工作忙碌，鮮少檢查我的功課，考前我也不太複習，我總憑著自己的小聰明，就能考進班上的前幾名。但小時候的我，極討厭寫功課。放學後總玩得極瘋、或是跟著大人看一整晚的電視，一不小心就到了上床睡覺時間。隔天一早起床，才發現自己的回家作業都沒有寫……

七、八歲的孩子，最直覺的反應，就是把作業本丟進衣櫃裡，到了學校，再和老師辯解著：「老師，我的作業本又不見了！」

幾十年過去了，雖然我已經忘了那位低年級女老師的名字，但我一直記得老師溫柔慈祥的臉龐，說著：「怎麼又不見了呢？」

我總是慌亂的找著理由：「我找了好久，就怎麼都找不到。」要不就是冒出奇怪的藉口：「作業本被小狗咬走了……」

此時，老師只是從架上拿出一本新的作業本，讓我把作業補完，並耐心的教導我寫錯的地方。慈祥的表情中，什麼斥責的話也沒有說。兩年下來，我拿過無數的新簿本。這兩年裡，爸媽從來沒有接過老師任何一通告狀電話。

升上中年級後，某天我在辦公室又遇見了這位老師，老師還是一臉慈祥表情的嘘寒問暖，當下我的內心是既羞愧又感動。

這麼多年之後，突然回想起這件事，內心仍是感激。這位教書資歷豐富的老師，怎麼可能不清楚眼前這位學生在做什麼呢？但她從來沒有當面拆穿我，而是一而再、再而三的給我機會。我想是因為她清楚眼前這位小孩，是因為爸媽工作忙碌而忽略關注孩子的學習；我想她明白眼前這孩子的個性，總有一天會自己把這件事情想透。

自己當老師多年，看著自己的小孩、班上的學生、以及無數的家長，再回過頭想這件事，心裡有著深深的感觸：我們總是不自覺的以大人的高標準，來衡量孩子的表現。但是我們也忘了，小時候的我們，並不是那麼的完美。也曾在年少時做過無數蠢事；也曾在學習的道路上，放棄、逃避、甚至迷失過。

我也發現：孩子之所以會犯錯，正因為他們是孩子啊！而孩子之所以說謊，正因為他們當下害怕，害怕丟臉、害怕被處罰、害怕傷了自己所愛的人，所以反射性說出那些容易被戳破的謊話。

比較起來，我的低年級導師在面對孩子問題時，顯得比我更有耐性，也更有等待的勇氣。她讓我明白：在面對孩子時，心中懷著同理心與彈性，遠比捍衛著教室裡的規範與公平性，來得更為重要、可貴。

把握有效溝通策略，幫助孩子勇於突破

對我而言，「想教會孩子」是一種決心，我們應該不斷尋求著任何突破孩子的有效方法。唯有如此，在陪伴孩子的人生道路上，我們才能不斷湧現改變的勇氣。

孩子為何一再犯錯？那是因為我們和孩子溝通時，並沒有傳達到他的心底，所以他並不覺得改變對他有多重要；也或者支撐的力量不夠，所以他明明知道這事是錯誤的，但仍是做不到。也許我們可以透過以下八個溝通策略，來改變孩子的想法：

1. 願意看懂孩子背後的故事

想解決孩子的偏差行為之前，要先從偏差行為的形成背景去找出原因。

孩子喜歡欺負別人，也許他來自於總是以暴力解決問題的家庭；孩子不認真學習，也許是他來自於不重視課業、甚至是得幫忙分擔家計的環境；孩子經常在考試時作弊，也許是他背後有只在乎成績的嚴厲爸媽……願意看得到孩子背後的困境，就會有截然不同的柔軟方式。

這就是老師的同理心。「想教會孩子」的心意，應比「想處罰他」的情緒來得更為重要。在溝通的過程中，孩子是能清楚感受到老師所展現出來的差異。

2. 讓孩子正視自己情緒

孩子犯錯時，往往會被負面情緒淹沒。緊張的情緒、焦慮的情緒、懊惱的情緒、惱羞成怒的情緒……孩子處於情緒之中，我們很難與他進行深度的對談。

因此我們可能要暫時緩和他的情緒。我們可以這麼說：「作業一直缺交，你現在的心情是什麼？你覺得害怕嗎？是因為害怕老師會生氣嗎？請你現在深呼吸、放鬆，找出現在心裡的情緒是什麼，然後把它釋放掉，換成一個穩定的微笑給老師好

在面對孩子時，心中懷著同理心與彈性，
遠比捍衛著教室裡的規範與公平性，來得更為重要、可貴。

嗎？」

3. 協助孩子面對過錯

孩子情緒穩定後，接著可以運用對話技巧來引導：「這事情哪裡不對了？作業一直沒寫的真正原因是什麼？這樣為什麼不好？」

如果孩子始終說不清楚，這時就運用書寫的力量，讓孩子自己跟自己對話。讓頭腦裡的智慧教會自己為什麼缺交作業、一直找藉口的錯誤在哪裡。

4. 引導說出態度上的錯誤

多年之後我才發現，輔導孩子面對過錯，很容易在孩子認錯後就草草結束。反省，不應該只有反省「行為上的錯誤」，而是要更往深層去挖，讓孩子去面對錯誤行為背後的「態度上的錯誤」。

例如：找出惡作劇背後「沒有考慮到對方心情」的態度、找出作業缺交背後「沒有對自己負責」的態度、找出一再偷竊行為背後「不尊重自己」的態度……那才是真正讓孩子明白原因、下次不會再犯的重要關鍵。

5. 給予孩子熱情讚美

有家長問道：「孩子既然犯錯了，還要對他讚美？這樣他以後會不會因為喜歡讚美而繼續犯錯呢？」

不不不，讚美不是讚美孩子犯錯的行為；而是讚美他在過程中不斷展現出來的態度與心意。讚美，能讓孩子得到肯定、態度變得更積極，而且提供支撐他努力想蛻變的動力。

6. 讓孩子有補救機會

讓孩子補救他所造成的傷害，身體力行後，他才會明白自己所帶來的傷害有多大，也會體認事後的補救太麻煩了，所以下次還是儘量不要為自己找麻煩。

至於如何讓孩子補救？我們可以讓孩子自己說看看：「我造成的傷害是什麼？可以如何進行補救呢？」事後進行補救，也讓孩子情緒有個出口，不至於一直困在深感抱歉的情境中。

7. 愛的「惜惜」延續效果

在事件過後，我會找時機重新再和孩子聊這件事情。也許是在當天下午、或是隔幾天、或是隔一週，讚美他在當下努力想彌補傷害、或努力提醒自己的心意。給孩子一個充滿安定力量的微笑，這會讓孩子明白不是存心找他麻煩，也能讓孩子更延續這股想要改變的決心。

8. 親師合作創造雙贏效果

家長的配合，絕對是孩子不可或缺的支持力量。但是大多數這類家長，都會雙手一攤的說：「他就是這麼壞，我沒辦法教他啦！」

這樣的家庭，其實更需要我們提供協助。也許我們在溝通過程中，可以這麼做：

(1) 先讚美孩子的優點，讓家長感受到我們關心孩子的善意。

(2) 在與家長對談中點出孩子的問題，表達出這孩子因行為問題而影響學習的心疼心情。

(3) 提供家長方法。家長往往內心明白孩子問題卻苦無對策，專業的老師，可以提供家長幾個在家試行的建議。

(4) 給予彈性。和家長討論孩子目前該完成的最基本要求是什麼，門檻不高，家長就較能有效率的督促孩子。

(5) 定期追蹤，肯定家長的配合與用心。

當孩子一再的犯錯，別急著糾正孩子。我們需要觀察：他們是每況愈下？或是在一再犯錯中，其實仍有小幅度的進步呢？有時候，我們將時間軸拉長，卻能驚喜看到孩子成長的足跡。

每一位外在武裝自我的孩子，或許看似自我放棄，但內心仍有卑微的期盼。他們被困在黑暗之中，正等著老師和父母引領他們走出那幽暗的谷底。●

Idea Box 13

教學小錦囊

8策略，導正孩子犯錯

策略1 願意看懂孩子背後的故事

策略2 讓孩子正視自己情緒

策略3 協助孩子面對過錯

策略4 引導說出態度上的錯誤

策略5 給予孩子熱情讚美

策略6 讓孩子有補救機會

策略7 愛的「惜惜」延續效果

策略8 親師合作創造雙贏效果

家長篇

放手，孩子反而學更多

大人不出手代替孩子做事，但要教他們怎麼做，以及在一旁陪著他們一起做。訓練他們把事情做仔細，教他們如何做事更有效率，也培養出他們對生活的責任感！

教到自然課其中幾個單元，需要大量的冰塊來做實驗，但是我實在無法提供這麼多冰塊讓這幾個班級使用。於是，我只好交代孩子們：在上課前準備好實驗所需要的材料。

話還沒有說完，這些孩子開始一陣鼓噪：「老師，這樣帶來的冰塊會融化耶？融化的冰塊該怎麼做實驗啊？」

我笑著說：「哦，讓冰塊不融解的方法其實很多啊！方法都藏在你們的腦子裡，只要發揮一下創意，就有辦法把冰塊保存到上課都還不會融化。」

孩子們一副半信半疑的表情。然而到了下一次上課時，這些孩子發揮的創意果真令我驚豔不已：有的孩子找到了家裡擱置已久的冰棒用保麗龍盒；有的孩子則是用保溫瓶把冰塊帶來；還有孩子巧妙的運用鹽巴加冰塊的降溫原理，利用外層食鹽冰塊來讓內層冰塊持續結凍；當然也有勇者大剌剌的把冰塊放在塑膠袋裡就提來學校，不到半節課全化成了一灘水。

他們公推最厲害的就是這一招：今天的自然課是十點三十分開始，在十點二十五分時，媽媽就會準時出現在校門口，孩子隔著鐵門把一整袋冰塊接過來，再以從容不迫的步伐走上五樓，踏進教室門時剛好上課鐘聲響起。冰塊一塊也沒融化，真是太完美了！

但是，通常這種方法都會被我數落一番。這種沒有自己動頭腦、只想依靠別人的幫忙，是最糟糕的方法了！

自己的事要自己承擔

我還記得讀小學時，有次忘了帶作業到學校，情急之下，我也學著同學打電話回家。電話那頭的媽媽，手邊有一堆家庭代工的急件忙不過來，嚷嚷著：「我哪有時間幫你送過去啊？」「喀嚓」一聲掛上了電話，留下傷心欲絕的我。

但是，最後我驚訝發現：媽媽還是放下手邊的工作，送來了被我遺忘在家裡的作業。望著她那氣喘吁吁、急欲趕回家工作的背影，我真覺得自己做了一件蠢事。從此之後，我再也不敢麻煩家裡的人幫我送東西到學校了。

從這件事情中，我學會了自己要更加謹慎留意作業帶齊了沒，即便當天真的忘了帶學用品，我也甘心受老師處罰。因為我知道這是自己的事，做錯了就該自己去面對。自己沒做好的事，怎麼好意思去麻煩家裡的人出面呢？

也因此當我成為一位老師，看到公共電話前擠滿了正準備打電話回家的學生時，都會忍不住搖頭嘆息；在我自己帶的班級裡，更是不允許孩子打這種求助電話。我對學生說：「孝順的孩子不是這麼當的，為什麼要麻煩爸媽放下手邊的工作，千里迢迢的趕來學校，只為了幫你送一袋上課的用具呢？好孩子應該要體恤爸媽的辛苦，自己獨當一面去承擔所有的責任。」

「大人做得太多，孩子反而學得少！」這是我擔任老師多年以來，心裡很深刻的感受。

（設計攝影與真人無涉；攝影｜張緯宇）

例如，當我們善意的幫孩子影印這學期的功課表時，下學期孩子可能會反問：「老師，為什麼你沒有印這學期的功課表？」但是，若我們把它變成好玩的「功課表設計比賽」時，反而能看見許多絢爛的創意迸發出來。

大人做太多，孩子學得少

在指導孩子的過程中，我們總要去釐清：哪些是我們大人非幫他們不可的事情？哪些事情又是孩子本來就應該做、應該學的？或是他們自己做了之後，能夠激發出更多的潛能？

這不是一種推諉的心態，判斷點全是圍繞在「孩子是學習的主導者，而我們只是持續維持他們高度學習興趣的協助者」上頭。

在家中也是如此，爸媽們可千萬別做得太多，讓孩子失去了學習的機會。別老是幫孩子洗學校餐具，這會剝奪他們養成自律、愛乾淨的生活習慣；別幫孩子整理書包，那過程其實是在訓練孩子生活更條理化；別幫忙孩子寫功課，也別每天催促孩子去寫功課，這樣他們永遠也不會明白寫功課的目的到底是什麼，當然也學不會有效率的分配讀書時間。

每教一個新班級，在指導孩子打掃工作時，我總要先從掃地這件事情開始教起。別以為孩子年紀漸長就自動學會了掃地，即便已經是五、六年級的孩子，看他們掃地仍會讓人搖頭苦笑：掃把始終拿不穩；揮動掃把的頻率十分緩慢；掃了老半天只掃了小小的範圍，垃圾還是四處飛散；請他們動作快一點，就會出現苦哈哈的表情……

這其實透露著一種警訊：這些孩子在家裡幾乎很少掃地，因為家裡的大人們總把孩子能做的、應該學的生活技能，全都接手做完了。

「大人做得太多，孩子反而學得少！」話雖如此，大人們要為孩子做的可多了，但要做的是大人應該去做的部分：思考怎樣去引導出孩子的做事能力，以及尊重他人、尊重自己的態度。

不出手代替孩子做事，但要教他們怎麼做，以及在一旁陪著他們一起做。訓練他們把事情做仔細，教他們如何做事更有效率，也培養出他們對生活的責任感！

忍住，別出手相救

有一位家長很有意思，她的孩子在學校也算是乖巧聽話的好學生，但她總是和我抱怨孩子在家裡不夠積極，這位媽咪說：「每天在家裡寫功課，像在打仗一樣，總是我要發火或拿棍子出來，他才會害怕的進書房寫作業。但是進了房門，他又會東摸西摸的，不是晃出來看電視，要不就躲在裡頭看漫畫……每天盯完他所有作業、終於可以上床睡覺，看看時鐘也已經十一、二點了……」

這問題的形成原因很多，但有一個很關鍵的因素：這位媽咪已經把孩子自己應該要養成的規律習慣、應該要在乎的學習態度，全都攬在自己身上，成為揮之不去的壓力與焦慮。

凡事不積極、動作慢吞吞的孩子，很多都是他們背後有「皇帝不急、急死太監」的爸媽。爸媽們雖說要放手讓孩子自己承擔事情的後果，到最後還是會忍不住出手相救，或用緊迫盯人的方式來逼孩子「跟上進度」。但是這樣時間一拉長，孩子就容易養成倚賴、甚至是賴皮的個性。

這位媽咪又說：「我放手了啊！可是孩子就是那副無所謂的樣子，讓人看了心臟病都快發作了……」

這是因為放得還不夠。「心臟病快發作」這句話代表著：想把孩子沒做的後果，全往自己身上攬。

不同的家庭，會有不同的解套方式。我知道這家長天生急性子，也懂得這孩子愛面子的個性，於是我對這家長說：「就把他交給我吧！你就和他先溝通，約法三章每天應該幾點寫完功課、幾點上床睡覺。只要每天時間一到，就關燈逼他上床睡覺。沒寫完的作業，隔天來學校就交給我處理吧！」

這位媽咪半信半疑的接受了我的建議。於是好幾次下來，孩子發現只要他東摸西摸的寫作業，就會超過約定完成作業的時間，然後會被關燈，隔天到學校後就會被我「曉以大義」一番。幾次過後，他再也不敢了，寧願早點寫完可以做自己的事，也不要

讓孩子有機會去重新檢視「從放手後到結果」這段歷程；
孩子能從中自我反省並加以改善，
「放手」才會真正發揮它實質的效果。

躲在被窩裡偷偷摸摸寫作業。

很多爸媽放手後覺得沒有效果，主要是因為大人們撐不到出手的最佳時機點。我們其實可用更有趣、更欣賞的心態，來觀看孩子這一路的心情轉變。更重要的是，我們應該讓孩子有機會去重新檢視「從放手後到結果」這段歷程；孩子能從中自我反省並加以改善，「放手」才會真正發揮它實質的效果。

放手，真的是一門藝術。大人們該如何放手、什麼時間點放手、放手後該如何引導，處處是學問！不要害怕孩子因為大人放手後表現不佳，那才是真正能把問題攤開來，才是我們可以重新使力的地方。愈早學會獨立自主的孩子，相信他的未來發展才會更加無限寬廣！

Idea Box 14

貼心小叮嚀

從小動手做，培養未來大能力

1. 洗學校餐具：養成自律、愛乾淨的生活習慣
2. 整理書包：過程中，訓練孩子生活更條理化
3. 寫功課：學會有效率的時間分配

家長篇

從生活細節中找回專注力

孩子不專心、慢吞吞、叫了沒有反應……
這些都只是表徵；
真正的問題，
是因為孩子欠缺父母的專注對待，
導致他們對任何事情都選擇性的接收。

新接的這個班級裡，有幾位孩子讓我深刻體會到：「專注力」在學習情境裡，是如此容易被忽略、卻是多麼重要的一件事！

開學兩個多星期，每天我都在和這些孩子的學習專注力持續拉鋸著。上課鐘聲響了，我提醒他們：「上課嘍，快把課本拿出來。」但有半數孩子仍然沒有動靜，還在自己的小世界裡繞圈圈；等我站上講台後，又再提醒一次：「已經上課了，請你把桌上收乾淨，課本拿出來翻開，準備上課了。」還是有孩子在他們的異想世界裡盡情翱翔。非得我一位又一位的點著他們的名字，這些孩子才恍若大夢初醒，我們的眼神終於能夠相遇，總算能開始接下來的課程學習了。

但是接下來，我得花更多時間不斷的提醒他們：「現在老師正在講解第二十六頁了，請你們翻開到那一頁好嗎……現在正在底下偷偷看著藏在抽屜裡的課外讀物的人，可以把書收起來嗎……小威，老師已經講了第三遍，請你把抽屜裡的書收起來好嗎……小冰，你手上的筆心盒已經玩了半節課了……小真，可以抬頭看老師一下嗎？」

我很清楚，孩子的上課專注力和老師上課的精采度有極高的相關性，我也不斷在調整自己的教學策略，期望能夠抓住他們稍縱即逝的目光。但比較讓我訝異的是，這類「在上課前就需要老師強力提醒」的孩子，人數還真不少。一整節課下來，我得隨時環顧教室的每個角落，用力找回每位孩子的專注力，導致一堂課的節奏斷斷續續的。學習專注力，應該是內在就需具備的自我約束能力，而不是外人強力要求才能展現出來的被動狀態。

在班親會時，我將我所觀察到的課堂現象和家長們分享，一位母親煩惱的說：「現在聽老師這麼說，我才覺得事情的嚴重。在家裡其實我們看不到孩子的學習面向，頂多看著他寫作業而已……他的確在家裡也有類似的行為，總是要人一叫再叫，才會有反應……」另一位媽媽則說：「老師，不知道您有沒有什麼好方法，可以讓孩子更有專注力呢？」

因此，我試著把對這些爸媽的建議整理出來，也期待我們親師雙方能夠共同在家裡、在學校，協力一起把孩子的專注力找回來！

關鍵1 第一時間就要有回應

學習不夠專注的孩子，有些是因為長久以來他們已經習慣選擇性的接收訊息：想聽的話就會有反應，不想聽的話就充耳不聞、或當做沒聽到。這類型的孩子，常讓大人們呼喚好多次，卻無聲無息假裝沒聽到，或是回答語氣顯得不耐煩，或是不情不願的姍姍來遲。

所以我們在改善孩子的學習專注力之前，得先改正他們這些回應他人的習慣，訓練孩子在他人說話的第一時間就要有反應。

當我們請孩子協助做事、寫功課時，孩子應該在第一時間內應聲或表達他的需求。如果叫了好多次都沒有回應，就要請他到面前來，明確指出我們剛才呼喚的次數，詢問他沒聽到的理由。如果孩子講得有道理，也要教他怎樣有禮貌的表達歉意；若孩子說不出理由，那麼就必須讓他對自己這種輕忽的態度深切反省，並且讓他重新再一次練習：爸媽在遠方呼喚，他必須在第一時間回應。

教孩子回應他人時要態度和善、沒有藉口，這樣多練習幾次，並持續一段時間後，孩子就會知道大人是認真的，他們也會以認真態度來修正自己選擇性接收訊息的問題。

關鍵2 眼神要注視著說話者

指出孩子「選擇性接收訊息」的問題還不夠，還要將話送進他們的耳朵裡、將訊息完整傳達到他們心裡，孩子才會真正願意動起來。

從眼神的專注來要求，是很好的開始。當別人在說話時，應該要求孩子眼神必須專心注視著對方，這是一種禮貌，也是一種專注力的表現。學習不夠專注的孩子，在和他們說話時，他們的眼神總是左顧右盼、或是不住的把玩著手上的東西；看似安靜有在傾聽，其實他們的腦袋正在神遊四海。

在開始上課前，我都會要求孩子們專注看著講台方向；上課進行中，我也會隨時觀看著孩子的眼睛焦點落向何處，把一個又一個眼神渙散的孩子喚回來。雖然這樣的過程很辛苦，但把時間軸拉長來看，會發現他們在學習專注力上是有明顯的進步。

我也建議爸媽在和孩子對話時，偶爾也可以反問孩子：「剛才爸爸媽媽說了什麼？」如果孩子回答得出來，代表他是專注的，親子間的對話是有傳達力；反之，若孩子回答不出任何話語，代表剛才的對話，可能只是大人們自顧自的講得開心罷了。

其次，也應該要求孩子不能在對話過程中，只用「嗯」或點頭或說「不知道」的方式，來回答和大人的談話。當孩子只會用「嗯」、點頭、或說「不知道」的方式來回答，長久下來他們就會變成被動接收訊息的角色，原本該做的事情，全變成了大人逼他們去做的規定。

孩子能說出內心想法，親子之間彼此有意見交流，才算是真正的溝通。

關鍵3 訓練肢體動作敏捷度

有些學習不夠專注的孩子，也可以發現到他們的動作十分緩慢，做事慢吞吞，總是顯得無精打采。

身體的行動，可以帶動思考的運轉，所以我也會從孩子動作的敏捷度開始要求起。例如，叫了老半天，孩子才慢吞吞的晃過來，這時我會讓孩子退回原處，請他快速走過來；一次不行，再練習一次；不夠快，就再多走幾遍。通常走到第三、四次時，孩子就會認真的當一回事。當他走過來時，動作敏捷、移動快速，聆聽話語時眼神專注，就可以感受到他整個人都全神貫注了起來。

另外，也可從生活作息的速度感來要求。我會用有趣的方式，請孩子在最短時間內，安靜、敏捷的轉換各種情境，例如：「請在十秒鐘內，把國語課本收起來、數學

（設計攝影與真人無涉；攝影｜張緯宇）

先從教孩子「一次做好一件事情」開始，
讓他們感受到「專心能事半功倍，縮短投注時間」的效益，
讚美並肯定他們的效率，孩子會感受到自己的進步。

課本拿出來，開始！」「十秒鐘，把數學課本收起來、書法用具拿出來。」「十秒鐘，把桌上的東西收乾淨，用最有氣質的微笑看著老師。」經過一次次的練習，孩子臉上滿是笑容，不自覺中，速度加快了，動作也敏捷許多；同時，他們也重建了規律生活的作息，知道物品該如何分類與擺放，如何更有效率的把自己的生活管理好。

關鍵4 專心和孩子說話的習慣

上述三個方法，其實都只是從孩子端的專注力著手而已。但有時候，問題其實是出在大人們從來就沒有好好的和孩子說話。

孩子會「選擇性接收訊息」，有一部分原因是親子之間就缺乏溝通的習慣。平時大人們忙著工作、家事，甚至於大人們都沉迷於電視、網路之中，親子之間沒有交集、沒有眼神交會，只剩下命令與指責，孩子當然選擇性放空了。

因此，平時第一時間內就要有回應的人，其實是坐在沙發上看電視而忽略孩子說話的大人；最該被要求眼神注視的人，其實是沉迷於手機、網路而忘了要將眼神落在孩子身上的大人。

經常性的與孩子眼神相望的說話。微笑，傳達出「我愛你」的眼神。而不是把他們整天關在安親班裡、書房裡石化；不是用成天炮聲隆隆的攻擊，讓孩子最後採取放空來求自保。

關鍵5 避免分心文化的影響

現代的孩子比起我們那一代，遇到更嚴峻的挑戰是：他們處於3C產品氾濫的年代，容易造成人際關係的崩離，以及「數位分心症」的默許。例如，原本該是溫馨一家人用餐時間，耳朵邊盡是吵雜的電視節目，或是人手一台平板配飯菜；原本該是人與人直接面對面的互動，爸媽卻是邊滑手機、平板電腦，邊和他們說話；明明寫著功課，心裡卻掛念著臉書上的訊息、剛才的電玩又破了幾關……

我們更應該謹慎評估這些3C產品對孩子學習的影響，認真規範孩子使用的時機。別從小就養成容易一心多用的孩子，因為他們很難願意靜下心來，仔細聆聽別人說了什麼。

即使您很忙，或需要一段時間放空，也儘量不要用3C產品來餵養小孩，至少在一家人好不容易可以相聚的晚餐時光，更應該把3C產品收起來。吃飯時，就專心的吃飯；該玩耍時，就要用心的玩耍；該認真讀書時，就該收起心來專注而投入。睡覺前，來個親子抱抱或睡前談心，那比起任何電玩遊戲都更能帶給孩子心靈上的滿足。

先從教孩子「一次做好一件事情」開始，讓他們感受到「專心能事半功倍，縮短投注時間」的效益，一次又一次的讚美並且肯定他們的效率，相信孩子也會感受到自己的進步。

孩子不專心、容易分心、動作慢吞吞、常常叫了好多遍都沒有反應……這些都只是缺乏專注力的表面特徵；真正的問題核心，是因為孩子欠缺父母的專注對待，欠缺父母對生活細節的要求，導致他們對於任何事情都選擇性的接收訊息。長久下來，影響的不僅是孩子的學習成績，也會導致對日常生活的態度更顯冷漠。

進步，就藏在細節裡；孩子的學習專注力，其實也就藏在大人們對於孩子生活細節的要求裡！

Idea Box 15

貼心小叮嚀

凝聚專注力的5大關鍵

關鍵1
第一時間就要有回應

關鍵2
眼神要注視著說話者

關鍵3
訓練肢體動作敏捷度

關鍵4
專心和孩子說話的習慣

關鍵5
避免分心文化的影響

chapter 05

Future Class
In Session!

耕耘寫作力

美國邁阿密大學師範學系寫作藝術教授羅馬諾指出，老師能讓學生從寫作中發現、創造並探索他們的思考能力，深化既有知識，去培養智能的自主性，去推測可能性，去與難懂的概念奮戰，在學習中發揮想像力。

老師篇

發現自我對話的力量

寫作其實與班級經營
有著密不可分的連結。
當孩子們具備寫作能力後，
許多班級活動與師生關係
就可以透過寫作來開展。

許多畢業多年的孩子們，在「老師的歲月成績單」線上問卷中，不約而同的指出：國小期間每日的寫作訓練，對他們現在的幫助很大。

現在已經大學畢業的小隆說：「毫無疑問的，每天聯絡簿攻勢，讓我的寫作能力有突破性的潛能開發。回想起來，老ㄙㄨ您真是我的恩師！」

另一位孩子小敏也說：「我現在讀到大學，還是會回想起國小的事情。像我們班的聯絡簿，總是比別班的聯絡簿厚很多，每天有不同的主題要寫，也培養了我喜歡寫作的興趣。寫作方面真的影響很大，現在我很喜歡閱讀和寫作，尤其是讀中文系後，常常要寫很多研究報告，對我來說就不會很困難，是當成一種興趣在書寫。」

孩子們這事隔多年的回應，帶給我極大的信心與能量。他們可能忘了在那兩年，我是如何用盡方法、說盡好話、不斷鼓勵才養成他們每日寫作的習慣。同時，偶爾也得面對家長們「不理解孩子為何每日都要花這麼多時間寫作」的質疑。

很多老師可能不清楚，寫作其實與班級經營有著密不可分的連結。當孩子們具備寫作能力後，許多班級活動與師生關係就可以透過寫作來開展。

例如：當孩子可能同理心不足，我們可以讓他們寫「對三個人說好話」、「寫出五個同學的優點」這類的短文；當全班的班級氣氛不佳，就讓他們寫給同學「善行小卡」、「愛的小叮嚀」，為彼此加油打氣；當孩子的學習態度需要調整時，正是書寫「反思最近的學習態度」、「為何要學好數學的十個理由」、「如何學好數學的十個方法」這類需要深層思考的好時刻。

正因寫作能力俱足，只要看到孩子們不足時，我們就能透過書寫的方式，指導他們對自我進行反思，轉換思維，然後改變行為。

「寫作力」從每日書寫展開

那麼要如何展開孩子的寫作力？我是透過每日的書寫，讓孩子們把寫作變成一種生活習慣，以至於內化成一種能力。讓腦袋裡想什麼，都能如行雲流水般的快速寫出。每日的書寫訓練，是結合在聯絡簿裡，透過主題性的書寫，每天寫上一到兩篇小短文。從週一到週五，每天都有不同的主題，能讓孩子的書寫比較有依循的方向。

我曾經翻過我家小姪子的聯絡簿，剛開始他的老師也很努力在推聯絡簿寫作。可惜老師並沒有限定要寫什麼內容，於是小姪子就每天記些不太有深度的流水帳。老師批改久了覺得效用不大，最後取消聯絡簿寫作，改寫成語以及成語解釋。

其實我覺得好可惜，老師都這麼有心要推動寫作活動了，只要再修正實施方法與獎勵制度，就能瞬間提升孩子們的寫作動機。書寫，能讓死記的知識活化並得以運用，千萬別又回到反覆抄寫的記憶性訓練了。

主題性短文寫在聯絡簿上，是希望孩子們在翻開聯絡簿查看當日回家功課時，就順便提筆完成今日的短文。若是規定他們寫在別本簿子上，他們反而感覺又多了一份作業。對於老師也極為方便，聯絡簿反正每天都得看，在聯絡簿裡改短文，也省去更換不同簿本的麻煩。

聯絡簿短文，更是展現老師專業的窗口。當家長翻開聯絡簿查閱孩子當日的作業項目時，看到老師用心批改孩子的作業，又看到老師細心指導孩子學習、用溫暖的話語，給予孩子生活上的建議；也發覺孩子隨著時間的推移，不但語文能力進步了，心性及生活習慣都跟著轉變許多，家長會更加認同老師的用心與專業，親師關係無形中改善許多，並建立起最棒的教育合夥人關係。

讓孩子覺得寫得有自信、寫得有成就，絕對是他們在文字量與文字深度上的關鍵影響因素。因此我習於透過以下小策略來激勵孩子們的書寫動機。

至於如何推動在聯絡簿裡的寫作？

1. 開始時避免成為孩子的負擔

剛開始，不希望聯絡簿短文成為孩子們的負擔。所以我說：「沒關係，如果你寫不出來，只需寫五句就好。」只寫五句，說真的很難表達內心的想法，大多數孩子早就超過這「最少五句」的規範。等到下一個學期，再慢慢多加成一句，逐漸增加為六句、七句……

2. 只修錯字，先不修句子

為維持孩子們的書寫動機，所以剛開始只挑錯字，先不修句子。曾有老師恍然大悟的說：「我就是因為修了太多句子，導致孩子們怕寫錯而不願意多寫。」多讚美，不批評，而是用建議的方式，來引導孩子還可以怎麼寫、可以往哪個面向發想。

3. 老師的熱情回應

孩子們每天翻開聯絡簿，其實最期待就是看到老師的評語。所以剛開始推動聯絡簿寫作時，我都會儘量在每個人的短文後頭加入一些感想。例如我會寫：「哇，這視覺摹寫得好優美！」「這個結論好深入！」「這些貼心的話語，老師讀得好感動！」孩子看了開心，就會更用心寫作了。

4. 蓋上Good章

除了回應，老師還可以因應孩子的寫作內容，蓋上一至五個不等的Good章。寫得愈多、愈用心的短文，上頭所蓋上的章數就愈多。所以每天孩子們都在瘋狂的集點，彼此較勁：誰今天拿的Good章又破紀錄了？

5. 分享的機會

同時，也要讓好作品被看見。所以我會在優秀的短文下面，寫上「可唸」兩字，並且找時間讓他們上台去分享。這樣分享的過程，也可激勵其他同學：原來一篇好的文章，是具有這樣的特質啊！

6. 聯絡簿觀摩展

聯絡簿寫作實施一段時間後，我會在班上舉辦一個小小的聯絡簿觀摩展。大家都把自己的聯絡簿攤開在桌上，讓同學們各自欣賞。通常他們都會被認真的同學嚇到，進而促使他們學習同學認真的寫作態度，修正自己的寫作習慣。

7. 班級網站與班刊的刊載

文章寫出來了，當然要讓他們的作品儘量被看見，以增加他們的自信心。我會請孩子將優秀的文章，發表在班上的班級網站與每週班刊裡。近年來臉書盛行，當天優秀的短文，也會即時出現在班上的臉書社團中。藉由發表、觀摩、學習等歷程，激盪出全班更多樂於創作的氛圍來。

8. 小書創作

寫了一個學期的聯絡簿短文，在寒暑假時我也會請他們將最喜歡的內容整理出來，變成一本本精美的小書。在整理的過程中，孩子們重溫了當時的感動，也在相互觀摩小書的過程中，期許自己下學期要更全力以赴。

9. 口頭讚美

老師的讚美，是最真誠、也最具有激勵的效果了。每隔一段時間，我就會在全班面前讚美某幾位進步神速的孩子，並且將他們的作品大聲朗誦給全班孩子聽。說也奇怪，凡是被讚美過的孩子，他們在寫作上的動機就會更強烈，作品也會更加精采。

「寫作力」連結「反思力」

曾經去一些學校分享，有些老師提出疑問：「蘇老師，您分享的『反省單』看似很好用，但您有沒有遇過不願意寫反省單的孩子？又該如何處理？」

第一次聽到這個發問時，我有些傻住不知該如何回答，因為回想過往這許多年，我從未遇到孩子不願意寫的狀況。但後來遇到好多次老師這麼提問，我突然體會到我們彼此之間的差異，其實是來自於「平日寫作的習慣」。

因為我們班上聯絡簿短文寫作的八個類別中，其中一個就是「反省」主題。孩子必須針對他當天或最近這段期間裡沒做好的地方，提出自我檢視與改進策略。大多數時間，我會讓他們幾天就寫上一回「反省」，有時候我們還會長達一個星期、每天都在寫「反省」短文，請孩子一直反思同一事件。有時候，甚至把每天的反省短文串聯起來，就是一篇很棒的作文題目。所以「反省能力」就會在寫作習慣中啟動，孩子們會把反省當成生活習慣的一部分；也在書寫的過程中，不斷提升自我反思的多元智能。

只要孩子們擁有寫作能力，許多我們所關注的議題，包括：自學、同理心、自律、品格……都能讓孩子透過書寫來展開。因為寫作是反思能力的體現，對任何事件進行反思的後設認知歷程，就能得到更完整且深層的澄清。

澎湖小兵的寫作療癒

我是一位熱愛寫作的人。我從教書第一年開始，就開始記錄我每天發生的教學點滴。這麼長的時間再回頭看，我發現書寫對我而言，並不單單只是記錄或分享，甚至是一種對自己生命的療癒歷程。

　　對於班上不愛寫作的孩子，我喜歡和他們分享我在當兵時的寫作故事：

　　剛去新訓中心當兵的我，那時因為手部才開完刀不久，體能十分不佳，因此每天常為了許多體能測驗而焦慮不已。每天緊急的口令與行程，讓我神經緊繃，像隻驚弓之鳥。我不快樂，焦躁不已。感覺身體和心靈都不屬於自己的了。

我告訴我自己：「我需要出口！」再這樣下去，我都快爆炸了。

於是趁著假日，我去買了一本空白筆記本，偷偷藏在身邊。我跟自己說：「就把今天的一切，用一句話寫下吧！」

我還記得那是一個深夜，四周傳來弟兄們的打呼聲，而我躲在棉被裡寫日記。當我寫下第一句話後，字跡潦草而急切，但心中有某種不知名的滿溢情緒，突然被悄悄釋放了。

我也想把新訓中心第一天的回憶補回去，我發現我能記住的不多，而且很多都是負面感想。這讓我更立下心願：每天我要寫下一句正面而有意義的話。

於是，我隨身攜帶著一本小筆記本，每天寫一點點，每天為自己留下回憶。後來我發現，每天寫一句話已經無法滿足我。日記裡，開始出現許多精采的長篇小劇場。

我也發現，我的心變得平靜許多。因為即便是無聊到極點的日子裡，我總能找到生活中讓自己很開心的小事，日記裡總有無數爆笑劇登場。

下到澎湖的部隊後，因為不適合職務的因素，讓我那一年半都過得很不快樂。但還好，我還有一枝筆和一本小冊子，一直陪伴著我。

我會在筆記本上塗塗寫寫的，把我身邊的人、這些蠢事寫進來。認識我的人，都知道我會隨身攜帶一本塗鴉日記本。每位朋友都想登上我那神祕兮兮的澎湖小兵日記小版面。

兩年當兵下來，我寫滿了三本筆記本。後來我把這些亂七八糟的日記內容，整理出來，竟也在《中國時報》連載好一陣子。當時人還在澎湖當兵的我，假日外出時會去買份報紙，偷偷享受著不為人知的小祕密。

但重點是，我在這兩年的寫作習慣中，培養了從無聊、難過、無奈、惱怒的日子裡，學會自嘲，學會苦中作樂，學會從平凡的日子中看到不平凡的小事！

我是確確實實從這樣寫作的歷程中，找到自我陪伴、自我對話、自我療癒的力量。而回到校園，再當一位老師後，我也一直保有書寫的習慣。

在一成不變的日子裡，我總是寫些教室裡發生的小趣事，寫些微小的溫暖故事。一方面為記憶力很差的自己留下紀錄，一方面我也想讓老師們知道：教室裡有無數感動你我的動人故事，只要你願意用心的體會與感受。

這是源自於那段日子以來的訓練。也因此，我總是可以比別人更清楚看見平凡日子裡、很細微處裡的美好。

當然有時也常會被學生氣歪，但透過正面的書寫，我會為自己分析問題、為自己打氣、試著為自己找出方法來。

有時候看到以前書寫的文章，會不自覺笑了出來。原來當時的我，也曾經歷過這些沮喪？有些細微末節的小事，記憶力不好的我早就遺忘了；然而那些感動，卻始終存活在文字的時空裡。

我也發現，過去自己的筆調生硬、充滿著為師者的自我優越。但現在的我，能用比較柔軟且包容的態度來看事物。這是多年來正面書寫的習慣，所帶給自己一份珍貴的成長禮物。

於是我對著眼前因家長、因學校欺壓而淚流滿面的老師說：「要書寫，愈痛愈要正面書寫。」

我也對著馬來西亞那位剛出來教書的熱血老師說：「寫吧！盡你可能的寫，寫下所有教學裡的美好記憶吧！」

傷痛的記憶會消失，而雋永的文字會留下。今天的你正面書寫了嗎？從文字裡獲得療癒了嗎？●

Idea Box 16

教學小錦囊

9訣竅，燃起孩子的寫作熱情

訣竅1 開始時避免成為孩子的負擔

訣竅2 只修錯字，先不修句子

訣竅3 在文末留下熱情回應

訣竅4 讓孩子收集Good章

訣竅5 給孩子分享的機會

訣竅6 舉辦聯絡簿觀摩展

訣竅7 在班刊、班級網站刊登

訣竅8 將作品集結成小書

訣竅9 不忘口頭讚美

家長篇

用文字與孩子交心

一直以來，我從寫作中得到許多療癒，
也在學生身上看到寫作的甜美果實。
因此，我很鼓勵家長們與孩子一同寫作，
深刻傳達彼此內心想法與真摯的情感。

從小到大，自己在班上就是不太引人注目的中等生。尤其是作文，經常拿回不怎麼好看的分數與評語，實在猜不到「寫作」，怎會與我的生命有這麼大的交集？不過，國中時發生的那件往事，一直在我心上。

某一次段考，國文考卷裡的作文，考了一個類似「下課十分鐘」的題目。對於愛天馬行空、愛亂想的我，這題目真是太吸引人了。於是我用極其快樂、極其誇張的筆調，洋洋灑灑寫了一大篇。

當考試後、發考卷時，年紀很大又個性嚴肅的國文老師（當時的導師），冷冷的說：「這次考試，作文成績我們班上有同學考得不錯，隔壁班的國文老師，給了這位同學全學年中的最高分……」我從同學的驚呼聲中拿回了我的國文考卷，上頭還有隔壁班國文老師的讚賞評語，我紅著臉不知所措。

國文老師照例讓作文成績好的同學唸給全班同學聽。於是我把作文唸了一遍。它其實是很口語、甚至用了很多浮誇、戲謔式的句子。當我唸完時，底下同學笑成一團，但國文老師臉上是鐵青著臉。

後來有一次作文題目，也出了類似「我最愛的一堂課」的題目。照例，我又用這種浮誇、戲謔式的筆調寫完這篇文章。再度唸作文給全班聽後，嚴肅的國文老師蹙著眉，不悅的說：「我真搞不懂這種文章有什麼好的！」當下我覺得好丟臉，匆匆走回自己的座位。

這事件，一直放在我的心上，也一直深深影響著我。

國中的我，是一位再平凡不過的中等生。沒什麼自信，總是躲在人群中，也從不知道自己長大後能做什麼。尤其是小時候，內心常有被冷落、被忽視、被排擠的無助感，造成我時常有種孤單卻說不出的傷痛。

可是，突然有一天，有束光照在我身上，隔壁班國文老師用評語告訴我：嘿，其實你寫得不錯！你的文字裡，有著別人沒有的創意。

那道光，讓我驚喜的看見自己。讓我明白原來自己不是那麼的平庸、一無是處。原來，這世界上還是有人願意賞識我。這樣被賞識的喜悅，讓我一直放在心裡頭，也成為自己在寫作上很大的自信與動力。

我並不怪那位國中導師，反而很感謝他。畢竟他讓我清楚知道：人們對於文字的評價常是兩極化，也因此在使用的文字與所說的話，都應該格外謹慎而三思。

不過曾經有過被賞識的感動，也教會我在面對我的學生時，能多一點嘗試、多一些讚美與肯定。

有一天，畢業多年的學生，和我分享她的喜悅，她設計的作品獲得國際大獎，因此獲得總統的接見。她說：「我要感謝老師，在畢業前告訴我：『你是很聰明的孩子，只要願意把心思放在讀書上，會有出色的表現。』我一直把這句話放在心裡頭……」賞識孩子的優點，就是如此重要的事啊！

隔壁班國文老師的賞識，讓我看見了自己；而我的孩子，也帶著那份被賞識的感動，勇敢向未知的世界探索。也許在旁人的眼裡，不乖的孩子總是犯錯、一無是處，或是平庸的找不出優點來。但是當孩子本身清楚感受到你的賞識時，就如同一道光，輕柔柔的照在幽暗的谷底。

那道光，就會開啟了長久以來封閉的心房。也像把熊熊的火炬，為他照亮了指引未來的方向。

溫馨的父女「交換日記」

一直以來，自己從寫作之中得到許多療癒，也在學生身上看到結出寫作的甜美果實。因此我很希望能在家中培養小蘇姑娘寫作的習慣。

小蘇姑娘最近正在學習拼音，喜歡自得其樂的在紙張上塗塗寫寫，我想這是開始引導的最好時機。我對小蘇姑娘說：「爸比好愛你寫的這些字，可是這樣一張一張的紙都容易弄丟。我們去買一本你最喜歡的畫畫本，我們一起來寫日記吧！」貼心的小蘇姑娘說：「不用啦，我有好多本子。」她翻箱倒櫃的找出好多本有格線的筆記本。

但是我希望小蘇姑娘的創作空間能完全不設限，因此我們還是走到書局，讓小蘇姑娘挑一本她最愛的素描本來當日記本。小蘇姑娘興奮的在書局裡走來走去，小熊封面、小女孩封面、還有粉紅色封面的素描本，都是她的最愛。她選了這本、放下了那本，又選了別本、放下了手上的這本。最後，我們父女兩人挑了一模一樣的素描本，各選了一枝好寫的筆，心滿意足的回家。

一回家，小蘇姑娘就急忙打開日記本準備開始書寫。多年指導學生寫作的經驗告訴我，剛開始有主題的寫作，比起天馬行空的心情留言，能讓孩子更聚焦、更有方向；同時也能在寫作之中，培養孩子的品格與心性。

我把在班上推動的「觀功念恩」、「善行」、「反省」主題，轉化了一下，變成易懂的「謝謝」、「我很棒」、以及「對不起」。請小蘇姑娘回顧今天一整天的行程，回想有

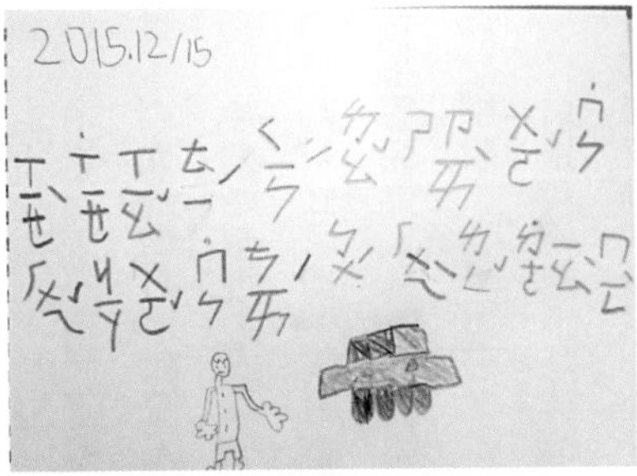

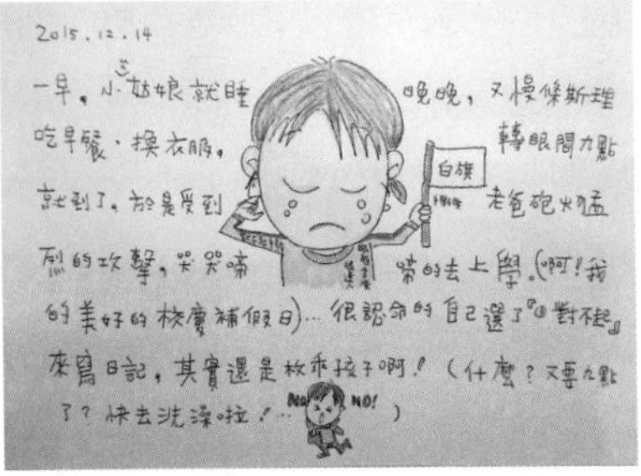

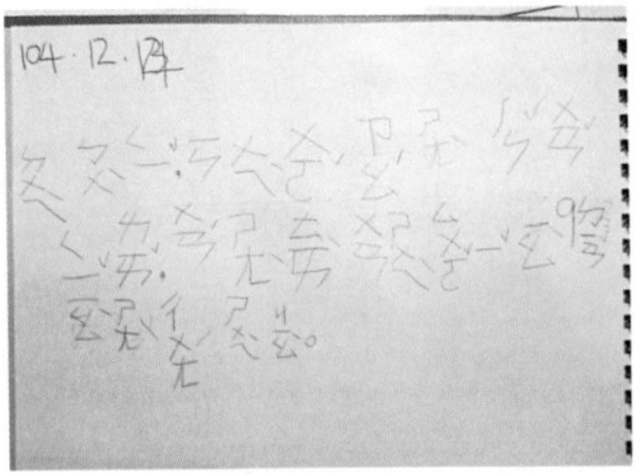

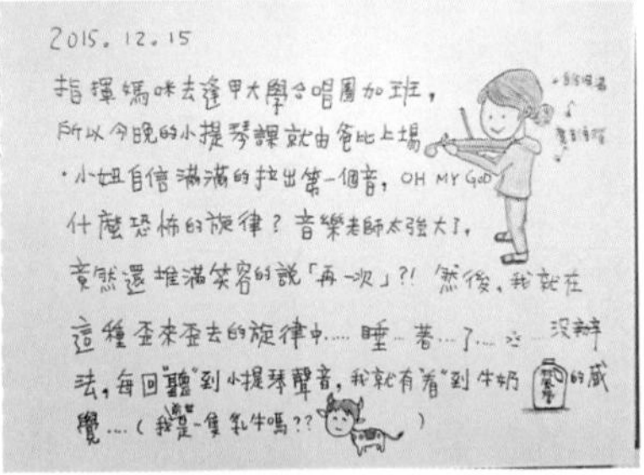

剛開始有主題的寫作，比起天馬行空的心情留言，
能讓孩子更聚焦、更有方向；同時也能在寫作之中，
培養孩子的品格與心性。

哪一件事情值得記錄下來，並以這三個主題來書寫。

小蘇姑娘先挑了「我很棒」主題。我試著引導：「這是寫下今天你做了一件好事，讓你現在心情很好。」小蘇姑娘說：「我很棒，我今天有獻花。」

我接著引導：「為什麼這件事情非常特別？你做了以後為什麼心情會很好呢？」

小蘇姑娘說：「因為大家都很希望我能幫忙獻花。」今天小蘇姑娘在音樂會現場被臨時請託，要上台獻花給合唱指揮大師。她強忍著心中的緊張心情走到舞台上獻花，讓台上的大師和底下觀眾們都好驚喜。

於是小蘇姑娘寫下：「我很棒，因為大家都很希望我獻花給佳芬老師。」並在底下，畫下個兒小小的她獻花給老師的畫面。

第二天，小蘇姑娘挑了「對不起」主題，我引導著：「『對不起』，是把今天還沒有做好的地方寫下來，告訴自己下一次可以怎麼做。」

小蘇姑娘說因為早上上學大遲到，她自己覺得很不好意思。我繼續引導著：「除了內心感到對不起，那該如何做，下次才不會遲到呢？」

於是小蘇姑娘寫下：「對不起，因為我早上很晚起來。晚上太晚睡，所以要九點上床睡覺。」

第三天，則是以「謝謝」為主題，她說：「要謝謝小提琴老師開車載我們。」我繼續引導著：「為什麼這件事情值得我們感謝呢？」最後小蘇姑娘寫下：「謝謝小提琴老師載我們回家，我們才不會冷得要命。」哈哈哈，這些童言童語的文字，真的超級可愛。

其實不只小蘇姑娘，當她在專心寫作時，我也在一旁拿起我的素描本，塗塗寫寫的完成當天的日記。最後我們父女兩人還會交換日記，一起唸出當天的日記內容，彼此都忍不住會心一笑。

營造無壓力的寫作空間

我很鼓勵家長們在家中讓孩子進行寫作，讓孩子在書寫的沉靜力量中，對當日事件做更深一層的思考。

小馨最近在班上狀況連連，當我和她媽媽談這些問題時，媽媽無奈的說：「又該嚴格處罰，讓她上緊發條了。」

我說：「我在班上觀察到小馨是一位很特別的孩子，她在行為上雖然漫不經心，但她的文字是有力量的。她能把事情的是非、對錯剖析清楚，同時文字裡也可以看到她的歉意與情感。她在生活中，經常不假思索的說出或做出不恰當言行，但其實可以鼓勵她多寫，用書寫來引導她多去思考，時間久了就會收到一些改善的成效。」

小馨的媽媽說：「我試過，但她不願意寫。」

我說：「家長的鼓勵以及如何說話很重要，若能說出引發她想寫的動機後，她就會迫不及待的想去寫作了。或者，也可以利用這次的事件，在她覺得抱歉的此刻，讓她這陣子每天進行小小的反思寫作。等到她習慣後，再慢慢延伸成每天寫日記的習慣。」

小馨的媽媽點點頭，表示這是一個不錯的方式。她會回家試行看看，再來和老師報告在家裡推動的成效。

爸媽的鼓勵，絕對是孩子在家中樂於寫作的關鍵。

我今年帶的班級，家長們常反應讓孩子在家裡寫聯絡簿短文，讓他們備感壓力，因為有的孩子應付亂寫、字跡潦草、或喊著「不會寫」，於是常演變成親子大戰或爸媽們的作業。

我聽了大驚失色，連忙告訴家長們不用太管他們的短文寫作，在班上有班上的獎勵制度與推動策略，把這痛苦的寫作指導工作交給我就好。

其實我清楚知道，在孩子寫作的過程中，一定有更多的被干預或是被指責，導致孩子們寫得不開心、或是害怕被嫌棄，所以最後以一句「我不會寫」來搪塞帶過。

真的毋須太要求孩子要寫得頭頭是道、寫得文詞優美，我們大人也不喜歡一直有人指指點點的說著我們哪裡沒寫好。重點應該是要保有他們熱愛寫作的興趣。看到寫得不好的錯字、句子，先忍住不挑錯；看到優美字句及有情感文字，就用力的讚美就好；頂多用口語方式，先引導孩子這件事情所帶給我們什麼樣的深層啟示，再讓他們在文末多加幾句就好。

最重要的是，你也是一位愛寫作的人嗎？你常和孩子一同用文字交心嗎？親子之間有時透過文字，反而能更深刻傳達彼此內心想法與真摯的情感。

此刻，不妨提起筆，寫下你文字裡的愛以及對他們最深的祝福吧！

Idea Box 17

貼心小叮嚀

6提醒，在家啟動寫作力

提醒1

給予孩子寫作主題，讓寫作更聚焦、更有方向

提醒2

別太要求孩子要寫得頭頭是道、寫得文詞優美

提醒3

看到寫得不好的句子、錯字，先忍住別挑錯

提醒4

看到優美字句及有情感文字，請用力讚美就好

提醒5

口語引導孩子看見事情背後的深層啟示，再讓他們在文末補上

提醒6

大人也參與寫作，和孩子一同用文字交心

chapter 06

Future Class
In Session!

澆灌創造力

英國政府將創造力列為國家課程的核心能力，因為創造力可以增進學生的自尊、動機和成就感，當教師和父母鼓勵孩子創意和獨立思考時，他們比較會自動自發的學習新知、回憶舊識，也因樂在學習而自願超越上課和預排的時間投入工作。

老師篇

外星人偷走兵馬俑，想像力就是超能力

想像力，
讓我們突破思想的束縛與藩籬，
連簡單的練習都充滿樂趣；
尤其是與他人共同創作，
這歷程中的收穫又是另一種層次。

去外校分享，很多老師對我和學生出版的三本童話書十分感興趣。老師們都在問：「如何能引導學生與他人合作，共同創作出精采故事？」

現代社會一致公認「創意」與「創造力」，是孩子面對未來世界最大的資產與競爭力。所謂創造力，是在日常生活中不斷經由練習而累積的能力。尤其是與他人共同創作，這歷程中的收穫又是另一種層次。

創造力包括了五大基本能力：敏覺力、流暢力、變通力、獨創力、精進力，是可以透過一些策略及練習，來讓創意源源不絕的產出。我自己則從引導孩子們合寫童話書的過程中，學到很多寶貴的引導經驗。

步驟1 點子相加激發想像

找了一群願意自我挑戰的孩子，利用課餘時間編寫故事。首先我請孩子想：究竟要寫出什麼題材的故事呢？

我列舉了許多的主題，包括：偵探、科幻、親情、動物、武俠、勵志……我說：「每一個主題都能編寫出有趣故事，但若把兩個不同主題結合在一起，就會碰撞出更神奇的火花。」

於是我們進行練習，孩子找「動物」和「奇幻」兩個主題來玩。

小鵬：「動物就選恐龍！」

小瑄：「奇幻的話，如果牠很小。」

小鑫：「那就能把恐龍當寵物！」

大家笑著說：「這是《哆啦A夢》的情節！」

我說：「其實也未嘗不可。不過還可再發想，畢竟有好多種動物啊！」

孩子七嘴八舌討論著：「若無尾熊有個超級、超級大的育兒袋？」「若企鵝可飛到兩千公尺的高空？」「若獅子會鑽地洞？」……

每一個發想，都讓大家開心的笑了，還有更多延伸劇情呼之欲出。想像力，讓我們突破思想的束縛與藩籬，連簡單的練習都充滿樂趣。

步驟2 腦力激盪術向外延伸

孩子討論後覺得「動物」主題，容易與卡通有相似感受。於是認真挑選差異很大的兩個主題：「科幻」、「古代」。

「科幻」和「古代」要如何碰撞出火花？孩子陷入了思考僵局，於是我們運用「腦力激盪術」，讓每一個孩子都說說他們的聯想，然後再把聯想兜在一起。

我說：「我們輪流說『科幻』主題，你想到什麼？」

「外星人」、「太空船」、「未來世界」、「人造人」、「星際大戰」、「膠囊食物」……孩子輪流說出聯想，輪到第四圈時，我們幾乎寫下十幾個聯想物來。

我說：「我們再輪流說『古代』主題，你想到什麼？」

有了第一次練習後，孩子也掌握了訣竅。於是「原始人」、「大俠」、「兵馬俑」、「寶劍」……好多關於「古代」的名詞，不斷的被聯想產出。

腦力激盪術的好處，是能集合大家的聯想，把思考範疇向外擴散。當技巧純熟

時，速度就會加快，聯想出的點子更是源源不絕。

後來「未來世界」、「人造人」和「星際大戰」，成為我們第一本書的主要內容；「兵馬俑」和「外星人」，則是第二本童話書的故事架構。

步驟3 從發問開始組織情節

有了幾次和孩子的創作經驗後，我體會到「引導」和「主導」的差異。所以這次我只用「發問」來引導，我問：「兵馬俑和外星人的關係是什麼？」

小鑫：「兵馬俑是外星人偽裝的。」說完大家笑成一團，彷彿一場星際大戰就要爆發。

我問：「還有嗎？」

小蓉：「外星人偷走了兵馬俑。」

我說：「嗯，好像很有趣。為什麼外星人要偷走兵馬俑？」

小鑫：「因為兵馬俑是地球人的精神象徵。」

我追問：「兵馬俑不是很多嗎？為什麼會是地球人的精神象徵？」

小鑫：「因為所有兵馬俑都壞了，世界上只剩一座兵馬俑。」

「哇！劇情愈來愈有趣了。為什麼世界上只剩一座兵馬俑呢？」我又問。

小瑄搶著說：「因為在一次展覽時，一架巨大飛機掉了下來，把兵馬俑全壓碎，最後只剩一座完整的兵馬俑，躺在螺旋槳下方……」

平時話不多的小瑄，這個回答引來所有同學驚呼。多年來觀察孩子的創作，會發現孩子喜歡以天馬行空的情節來發想。但再有創意的故事，都要符合「合理性」，把原因和背景交代清楚，才不會讓人讀完有滿肚子問號。

我說：「原來如此，真有趣。所以世界最後一尊兵馬俑放在……」

小鑫：「放在博物館裡，被嚴密保護著。」

小鵬：「旁邊有隱形攝影機、紅外線監視器、無法破壞的金屬門……任誰都偷不走。」

我笑著問：「既然如此，那外星人是如何偷走它的？」

大家面面相覷不知如何回答，於是，我又追問：「也許外星人擁有神奇構造？它是什麼星球的外星人？」

「它是蚊子外星人！可以飛進去。」「不行，它太小偷不走兵馬俑。」「如果是老鼠外星人？」「熊外星人可以破壞金屬門。」「不行，最好厲害一點，完全看不出怎麼偷走的。」……孩子學我開始互問故事的合理性。而這一連串的討論，最後成為書中情節的一小部分。最後，小鵬說：「我知道，是變形蟲外星人，它能化為一灘水，在地上悄悄溜進去……」

話沒說完，小蓉：「而且變形蟲外星人的手能變成鑰匙，把門打開。」

大家一起說：「最後它又潛在地面，把兵馬俑搬出來……於是攝影機完全看不出發生什麼事。」

故事說到這，我發現孩子臉上都有著豁然開朗的表情。眼睛個個透著光，我知道那是感受到創作魅力的喜悅與感動！

步驟4 找出故事的深層意涵

但我們希望讀者讀完這個故事後，不只是哈哈大笑、或覺得故事很有創意。我們希望故事能給人不同的啟發與討論空間。

孩子們：「因為外星人非常痛恨地球人，所以一定要把地球人的精神象徵偷走。」「為什麼呢？」另一位孩子問。「因為地球人製造無數垃圾，製造許多有毒汙染物。又因為垃圾太多放不下、汙染物太毒不敢儲存，派遣太空船在宇宙裡亂傾倒垃圾，所以外星人生氣了……」最後我們故事主軸，定位在環保議題上。

其實這不也是我們現在社會的縮影？過多或有毒的垃圾、該如何處理……這些都是我們下一代亟需去思考的議題。愈早關注議題，下一代才愈有方法與智慧去面對。

步驟5 統整故事風格

我們運用著腦力激盪的方法，把「為什麼外星人一定要偷走兵馬俑」、「兵馬俑被

共同創作童書最大的收穫，是刻畫出一段漫長堅持。
那種真實感受到共同創作的狂喜，
未來也將帶給他們與人合作的自信與強大能量！

偷走後發生了什麼事」以及「如何把兵馬俑成功帶回地球」這些問題解開了。於是一個有趣、有創意、很合理的故事雛形，就這麼誕生了。

我們把故事分成十章，孩子各自認領兩個章節回家創作；下次聚會時，先閱讀完彼此的文稿；並當場交換章節，回家再寫一次。交換寫作的目的，是為了累加段落裡的創意巧思。

最後，每章都被不同的同學寫過三次，再請一位孩子以同一筆調把故事重新寫一遍，這就克服了各章筆調不同的問題。

故事編完後，又進行插圖創作，從主角設定、手稿繪畫、電腦繪圖、最後以電子童話書方式呈現……這是一個繁複的工程，但我相信孩子從中學習到的，是許許多多能力的累積。

當故事付梓印刷成三本書時，前後經過了三年寒暑假，而他們也轉變成清純高大的國中生。回首創作歷程，他們既激動又驕傲。

我相信對孩子而言，最重要的不是在書上掛上作者名字；而是歷程中，清楚刻畫出一段漫長堅持。那種真實感受到共同創作的狂喜，未來也將帶給他們與人合作的自信與能量！●

Idea Box 18

教學小錦囊

5步驟，成為小小童書家

步驟1
點子相加激發想像

步驟2
腦力激盪術向外延伸

步驟3
從發問開始組織情節

步驟4
找出故事的深層意涵

步驟5
統整故事風格

家長篇

黑夜裡的白雲，來場「想像力大冒險」

陪著孩子從視覺的想像，到空間的想像，
再引導孩子練習身體感受的想像。
我們彷彿攜手前往一趟精采的冒險，
引發了孩子的新鮮感、好奇心、求知欲、
以及滿滿的歡笑聲。

又到了陪小蘇姑娘睡覺的時間。今晚暫且不說床邊故事，我們來玩想像力遊戲。

小蘇姑娘說：「爸比，你怎麼把燈全都關了，好暗哦！」

「因為我們要來看夜晚的天空。你抬頭看看，現在是一片黑漆漆的夜空，」我說。

小蘇姑娘說：「沒有啊，都是黑黑的天花板。」

我說：「發揮你的想像力，想像現在天花板是夜晚的天空，那麼，天空裡頭會有什麼？」

「會有月亮。」

「對，有月亮。在哪裡呢？」

「在那裡！」她小手比著頭頂上的吸頂燈，繼續說：「不過月亮黑黑的。」

我說：「太暗嗎？沒關係，我們幫月亮裝一個開關，幫它轉亮一點。」我一邊說，一邊假裝把開關旋開。

「太亮了！」小蘇姑娘遮著眼，假裝說。

「因為今天是農曆十五，月亮又圓又亮的。沒關係，那麼我們再把月亮關暗一點。」於是我又作勢把開關轉得更暗一些。

「好了，沒有那麼亮了，」小蘇姑娘熱情配合演出。

我又問：「那麼天空中，除了月亮之外，你還看到什麼？」

「星星，有好多星星。」

「對，有好多亮晶晶的星星。你看這裡有一顆星星，那裡有第二顆星星、第三顆星星……」我左右比著房裡的微光，小蘇姑娘也十分專注，跟著我的手勢找著星星蹤影。接著我們開始數數兒，一直數到第一百顆星星、第一千顆星星……

「天空裡面還有什麼？」我說。

「有流星！」

「對，還有流星，咻～」我的手從房間東邊劃到西邊，又說：「你看，那邊還有一顆，咻~有沒有看到？」小蘇姑娘點點頭，跟著我找流星的蹤影。
「聽說看到流星可以許願，待會爸比說『流星來了』的時候，你就趕快講一個願望。你想好了嗎？」
小蘇姑娘說：「祝福大家身體好！」哇，這願望怎麼這麼博愛？「好，流星要出現嘍！咻~」
「祝爸爸身體、還有鼻涕（鼻子過敏）趕快好！」小蘇姑娘充滿孝心的願望，讓我噗哧笑了出來。
我接著說：「真是謝謝你。等等，又有一顆流星，快許願，咻~你沒有許到願望，它不見了！」
小蘇姑娘沮喪的說：「我都還沒有開始講耶！」
「流星就是這樣，一眨眼就過去了，所以你要先把願望想好。想好了嗎？」
「還沒……我還沒想好啦……流星要出來嘍……等一下啦……」父女兩人在流星雨下方起了一點小爭執。最後終於在放慢版的流星中，小蘇姑娘再次完美許下「祝爸爸鼻涕快點好起來」的偉大願望。
「這時候，來了一陣風。你有感覺到風緩緩吹過嗎？」
「呼呼呼~」於是小蘇姑娘在我旁邊做出風的音效。
「這風是輕輕吹，很舒服的那種風……」於是耳邊的強風，換成了輕柔的吹氣聲。

「風，也把雲帶了過來，輕飄飄的。你看，那邊吹過來了一大朵雲。」黑夜中，一朵白雲正慢慢的飄過天空。小蘇姑娘接著說：「雲把月亮給遮住了。」

「現在月亮只能躲在雲後面，那我們一起幫忙把雲吹開好不好？」我提出建議，於是小蘇姑娘向著天花板用力吹氣。

「哇，你把天空的雲都吹散了。月亮跑出來和我們打招呼，連星星也出現了，一顆、兩顆、三顆……好多的星星都慢慢探出頭來了。」

接著，我們又玩星星連線的遊戲，忙著幫星星取名字。夜空裡，有熊熊星星、兔兔星星、繩子星星、鬧鐘星星、還有二十四星星（冷氣機儀表正顯示著二十四度），正閃耀著燦爛的光芒。

最後，我們玩想像力玩累了，小蘇姑娘就在滿天星斗、微風、輕飄飄白雲的陪伴下，甜甜的睡著了。

生活觀察與創意發想練習

我喜歡用這種方式，陪著孩子練習想像力。從視覺的想像，到空間的想像，再引導孩子練習身體感受的想像。

在想像力的活動中，我們彷彿攜手前往一趟精采的冒險。也在想像的過程，引發了孩子的新鮮感、好奇心、求知欲、以及滿滿的歡笑聲。想像力之所以重要，是因為

想像力是將所學事物組裝在一起的整合能力，
也是連結未知世界重要的探索能力。
這種「假裝」和「想像」的歷程，對於孩子的學習內化十分重要。

想像力是創造力的源頭。

去年我帶三年級的美術班，美術老師正帶領孩子進行「建築物瘋狂大改造」的創意主題課程。但不管美術老師怎麼引導孩子如何改造房子，並且用了很多圖例來說明，很多孩子還是撐著頭、滿臉苦惱得不知該如何下筆。這主題課程也讓美術老師吃盡苦頭，因為孩子們花去史無前例的許多節數，才完成最後的作品。

這是因為在孩子生活中，鮮少有機會讓他們練習想像力。創造力，能讓我們具有創造新事物的能力，但創造力需要有想像力當基礎；而想像力的培養，則需要更多的生活觀察與創意發想的練習。

小蘇姑娘有一個她專屬的想像屋。那是她有創意的媽咪，把之前報廢的玩具屋布料，套在書桌上，就成了小蘇姑娘最愛的小屋。再幫她把檯燈放進屋子裡，光線從窗邊微微透出，像極了寒風中的露營帳篷，又像童話中神祕的夢幻小屋。

小蘇姑娘常在她自己的小屋裡玩假裝遊戲，一個人嘀嘀咕咕個不停。有時候我會偷偷爬過去看她，她會突然愣住，大叫：「唉唷，你不要看我啦！」她說她正在打電話給媽咪，但媽咪此時人正在廚房裡忙碌著。下一分鐘，她已經變身成老師。所有的娃娃都是她的學生，有時教娃娃們唱歌、打鼓，而她自己當指揮老師；有時候，她會教訓那些隱形朋友們，要他們乖乖吃飯、不要在上課愛講話……

她可以這麼一個人自言自語好久，自己扮演A和B互相對話。她也可以把任何破損、老舊的東西都拿出來玩，例如：壞掉的電話、一個紙箱、一條繩子……每個看似無用的回收物，她都能樂在其中。

我們總是抱持著不敢打擾她的心情。像是現在，她正在唱著自己編的歌，把鼓聲、英語詞彙、老師的指令……全融合成一齣有意義的劇情，源源不絕的創造力，正像大霹靂般的絢爛而奪目。很多爸媽會花大錢把小孩送去培養創造力的課程，卻忽略為他們保留想像力練習的機會，或忽略為孩子創造一個富有想像力的空間。想像力是將所學事物組裝在一起的整合能力，也是連結未知世界重要的探索能力。這種「假裝」和「想像」的歷程，對於孩子的學習內化十分重要。

玩遊戲培養創造力

想像力無所不在，因此可藉由一些小遊戲，來練習孩子的想像力。

例如我常和小蘇姑娘玩的「畫畫接龍」遊戲。先讓小蘇姑娘畫一筆，我也畫一筆；小蘇姑娘再畫一筆，我再跟著畫一筆；可以畫自己這半邊，也能去「破壞」別人那半邊。

說真的，這「畫畫接龍」遊戲好好玩。因為在被偷加一筆後，頓時內心發出無力回天的哀嚎，永遠不知道筆下會創造出什麼怪物來？比較起來，小蘇姑娘比我大方多了。她不斷鼓勵我要拿起不同顏色的色筆來作畫，但

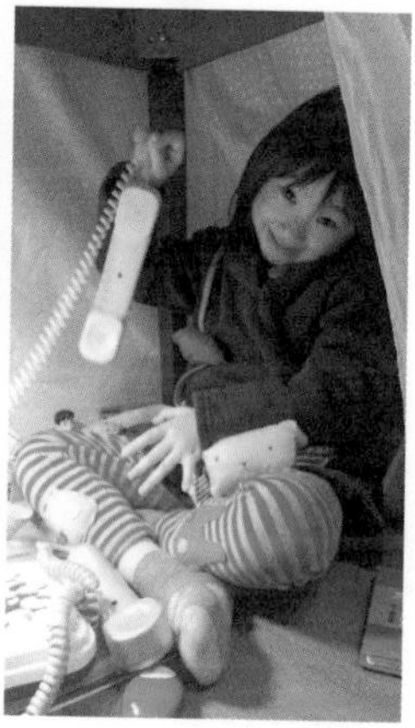

小蘇姑娘的專屬想像屋

把報廢的玩具屋布料，套在書桌上，再將檯燈放進屋子裡，光線從窗邊微微透出，就成了童話中神祕的夢幻小屋。

我自己仍是堅持用黑筆固守畫面，她已經在瘋狂創作了，我還在匠氣的試著挽救畫面的完整性與趣味性。

等到整個畫面都是混亂線條後，我們開始找尋各角落裡的角色。「爸比，這裡有馬；這裡看起來像一隻雞；那裡還有狗跟兔子；我還偷畫了烏龜和蝴蝶……」

於是各角落裡都有想像朋友，冒出頭來跟我們招招手。每一線條的交叉，都被彩繪成五彩繽紛的色塊。我們足足坐在桌前畫了快兩個小時，一個小小的「畫畫接龍」遊戲，帶來一整晚很美好的親子溫馨時光。曾經聽一些家長抱怨著：「不知道該如何教我的孩子，一天到晚想些有的沒的，整天問一堆問題真讓人無從招架……」

但是這些家長忽略了：想像力是源源不絕的創作能量來源，而發問正是孩子對世界展現求知與探索的指標。想像力，或許很難與學習成績相比較；但這些孩子在班上總是展現出高度的獨創力，作品與文字間充滿令人驚豔的巧思。

孩子未來所面臨的挑戰可能超乎我們想像，但獨創又能突破僵局的思維，絕對是他們勝出的重要資產。珍惜孩子的想像力，陪伴著他們發想，實踐偉大的夢想。

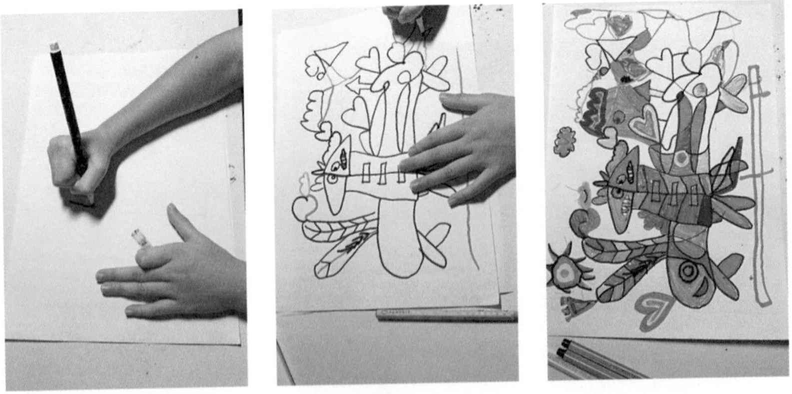

親子「畫畫接龍」遊戲

小蘇姑娘畫一筆，我也畫一筆，等到整個畫面都是混亂線條後，再開始找尋各角落裡的角色。

Idea Box 19

貼心小叮嚀

在家玩出想像力

1. 許願星空

關上燈，天花板就成了璀璨的星光，與孩子想像星星、月亮、太空船……並別忘了向流星許下心願喔！

2. 童話故事屋

可以利用紙箱等材料，替孩子搭建一個專屬的小屋，孩子就能在自己祕密基地高歌、說故事、玩耍、想像。

3. 畫畫接力賽

與孩子你一筆、我一筆的接力創作，除了可以創作自己的作品，也可以對別人的作品進行「破壞」喔！完成後，別忘了找出作品中的隱藏角色。

家長篇

拚搏床邊故事，家庭地位大躍升

說床邊故事，
給予親子間更多的心靈親密接觸機會。
想拚搏孩子心目中的好爸爸形象嗎？
不如一起來說個好聽的床邊故事吧！

最近在臉書裡，寫了一些和女兒——小蘇姑娘相處的故事，於是我的訊息欄裡出現了這則留言：「看了小蘇姑娘黏媽咪的狀況，想想我家兩隻也是如此，敢問您這位悲情老爸，有沒有什麼好招數，能教教另一位鬱鬱寡歡的悲情老爸？」

看完訊息，我完全能體會這位老爸內心的苦悶。和孩子緣極佳的媽咪同處一個屋簷下，真是一件極其危險的事，隨時在孩子心中都會變得十分卑微啊！

但是最近的我，一路從家中排行老三的悲情角色，搖身一變成為小蘇姑娘心目中的說故事達人。這一路來的心酸史，想來可以給每一位努力想當孩子心中偶像的老爸們一些參考……

從孩子的最愛開始說起

夜已深，床邊的小蘇姑娘還不肯入睡，明天可是要上學的日子。我說：「已經很晚了，再不睡的話，明天會起不來嘍！」

「但是我睡不著，還想要玩，」小蘇姑娘說。

「起不來的話，就不能到幼兒園和小朋友們一起玩。不然，爸比說個故事給你聽好嗎？」

「不要，我想要玩！」小蘇姑娘還是繼續和她心愛的玩偶們，玩著扮家家酒遊戲。

可惡，這麼不給面子？真是太傷老爸的心了。於是，我只好把房間的燈全都關上，刻意拉高分貝，對著空氣開始說起故事：「從前、從前，有隻可愛的小白兔，他全身白茸茸的，耳朵是超級卡哇伊的粉～紅～色～耶，長得好漂亮哦！」

說到關鍵字「粉紅色」，素來有「粉紅控」之稱的小蘇姑娘，馬上耳朵豎起、眼睛發亮，悄悄的把身體靠過來偷聽故事。

「而且很奇怪的是，這隻小白兔走起路來搖搖晃晃的，好好笑哦！原來呀，是他的手上抱了十二根紅蘿蔔，」我一邊說、還一邊做出搖搖晃晃的動作，把小蘇姑娘撞飛到床的另一端。她整個人笑到東倒西歪。

「原來，這隻小白兔剛從菜園裡摘回了成熟的紅蘿蔔，他就『咚、咚、咚、咚咚咚咚咚』的跳進屋子後面的花園，把紅蘿蔔們都放在地上的箱子裡……」我融入有趣的狀聲詞時，小蘇姑娘還咯咯咯的笑個不停。

「小白兔忙了一個早上，肚子好餓哦！他伸一伸懶腰，想好好享用紅蘿蔔大餐。要不要幫小白兔數數看，是不是有十二根紅蘿蔔呢？」聽故事的同時，可以順便練習數數兒；而安排十二的用意，是為了讓她能數超過十以上的數字。

小蘇姑娘真的很認真跟著我一起數。「一、二、三、四……十、十一。咦，怎麼只有十一根紅蘿蔔呢？我們再來數一次好不好，一、二、三……九、十。怎麼回事？為什麼又少了一根紅蘿蔔呢？小白兔揉了揉眼睛，心裡想：『是不是我看錯了？』於是小白兔又再數了一次，一、二、三……八、九。哇，怎麼又變成九根？」

講故事的同時，也順便來學學減法吧！

「小白兔到處找看看，是不是有掉到哪裡？他桌上找一找、地上找一找，都沒有發現遺失的紅蘿蔔，於是他再數一次箱子裡的紅蘿蔔，你猜現在變成幾根？沒錯，我們來數看看，一、二、三……七、八，只剩下八根紅蘿蔔！」

「於是，小白兔仔細的觀察這個箱子底部，發現有一根紅蘿蔔，正在動啊動的，突然『咻』的一聲，就不見了，箱子裡就剩下七根紅蘿蔔；接著另外一根紅蘿蔔也跟著搖啊搖的，突然『咻』的一聲，又不見了。你猜現在變成幾根？沒錯，是六根紅蘿蔔！」

拋出奇怪情節引發好奇心

每次只要我發出「咻」的一聲，小蘇姑娘就整個人縮了一下；我再「咻」一聲，她就再縮了一下。她完全享受在這個故事裡，臉上寫滿了驚訝的表情。

其實我自己也講得超興奮的，因為這個床邊故事怎麼從童話故事變成了數學故事？又從數學故事變成了偵探故事呢？在講故事的同時，我也在思考怎樣才能把情節變得更合理化。

「所以小白兔就把剩下的六根紅蘿蔔全拿了起來，才發現：哇，原來箱子的底部破了一個大洞！小白兔好奇的探頭往洞裡瞧呀瞧，結果竟然有一隻手快速的『咻』一聲縮回去？啊，該不會有小偷吧？」

說到這裡，小蘇姑娘也嚇了一跳，緊緊的抱緊我。

「所以，你覺得小白兔現在該怎麼辦？」

小蘇姑娘說：「應該把小偷抓起來。」

我又問：「那要怎麼做呢？」

「叫小偷出來，把他抓起來。」

「嗯，好方法，跟小白兔一樣聰明。小白兔也想了一個好方法，他跑進屋子，抱了一大堆紅色的『辣椒』！這些辣椒長得超級大，跟紅蘿蔔一樣大，小白兔就把這些長得很像紅蘿蔔的辣椒放進箱子裡。」

「這時，箱子裡的紅辣椒又開始搖啊搖的，『咻』一聲就被拉進洞裡去了。小白兔一直看著洞裡，好奇著接下來會發生什麼事？」

小蘇姑娘聽到這裡，遮著嘴巴偷偷的笑。

「『啊，辣死我啦！』突然間，有一隻土撥鼠從洞裡頭跳了出來，一直喊著：『好辣！』原來，洞裡頭是一隻土撥鼠，他一直在偷吃小白兔的紅蘿蔔呢！」聽到這裡，小蘇姑娘也一直大笑的說：「好好笑哦！」

學習理解與包容的柔軟心

但是，一邊說故事，我也一邊在思考著：「總不能讓小蘇姑娘在聽完這故事後，只學到以暴制暴的行為？」我希望她能從故事中，學會理解並體諒他人的柔軟心。於是故事說到這裡再轉個小彎。

「這個時候，土撥鼠辣到一直流眼淚，拜託小白兔能不能給他一杯水喝。小白兔看著土撥鼠，點了點頭，於是跳進屋內拿了一杯水，再把杯子遞給了土撥鼠。」

「土撥鼠一口氣就把水全部喝光了，喝完水以後，他對小白兔說：『謝謝你，小白兔！我對不起你，不該偷走你的紅蘿蔔。因為整個冬天我都沒有吃東西，所以看到你的紅蘿蔔實在是餓得受不了，真是對不起！』」

說故事的同時，也順便讓孩子體會即時道歉的重要與如何正確道歉的方法。

「小白兔看著眼前的土撥鼠，心裡也覺得很抱歉，於是小白兔對土撥鼠說：『沒關係啦，我還有六根紅蘿蔔。你肚子還餓嗎？那我們一起來吃剩下的六根紅蘿蔔吧！』」

「於是小白兔就『你一根、我一根、你一根、我再一根……』的分給土撥鼠。請問他們每個人拿到幾根紅蘿蔔？對，每個人拿到三根紅蘿蔔，你好厲害，你會算耶！」

哈，這位爸爸好壞，說故事時還偷偷加入「除法」的數學概念。

融入與人分享的溫暖結尾

「最後小白兔和土撥鼠兩個人，每個人拿到三根紅蘿蔔，他們坐在花園的椅子上，一起分享紅蘿蔔大餐。他們兩個人笑得好開心，而嘴裡的紅蘿蔔，也變得更香、更甜、更好吃了呢！」

故事的最後，就來個超級溫暖的和解大結局吧！也希望身為獨生女的小蘇姑娘，隨時能感受到「與人分享」的樂趣與感動。

身旁的小蘇姑娘，此時笑得好開心，一直笑著說：「這個故事好好笑哦，我還要再聽一次！」不過時間實在是太晚了，所以我們相約明天晚上還要再講一次這個故事。才一轉身、眼睛剛閉上，小蘇姑娘就「呼嚕、呼嚕」的睡著了，臉上帶著甜甜且滿足的笑容。而我從這樣陪伴說故事的過程中，也得到極大的樂趣與感動。

從這天開始，我成了她床邊最愛的說故事達人，每天她總要聽完一個故事才肯入睡。小孩子真的很有趣，小蘇姑娘喜歡的故事，同樣的劇情可以講上好幾次也沒關係。講到第三次時，反而換她說故事給我聽，我成了她枕邊愛聽故事的小娃。

說床邊故事的好處真是不少。有時候，她愛撒嬌、吃飯慢吞吞，於是我會和她說一個「吃飯吃很慢」的故事；她一邊聽、嘴巴就一邊多吃上幾口飯。除了自編的故事外，她也開始把注意力轉移到書本閱讀上。有時候她自己會抽一本像《灑水器爺爺》這樣的繪本，帶到床上指定我們要說這本故事給她聽；她也會指著插圖自編故事，創造一個屬於我們家獨特的床邊故事。

自從獲得小蘇姑娘的說故事能力認證後，我在這個家排行老三的卑微地位，突然被大大的提高。睡覺前，她總愛來一句：「爸比，你說故事給我聽好不好？這次我要聽毛毛蟲的故事。」說床邊故事，給予我們親子間更多的心靈親密接觸機會。

想拚搏孩子心目中的好爸爸形象嗎？一起來說個好聽的床邊故事吧！

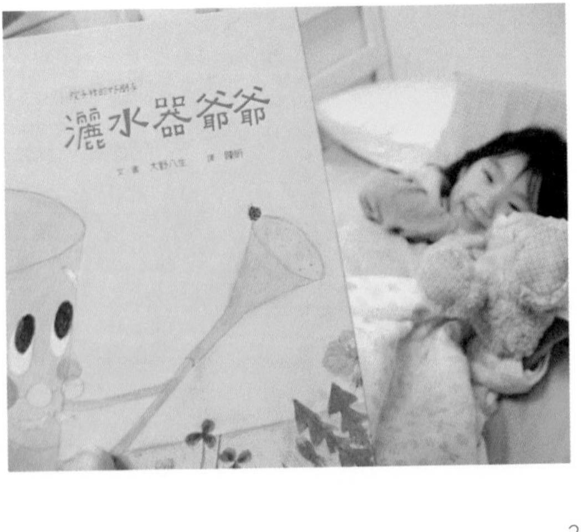

Idea Box 20

貼心小叮嚀

4撇步，成為孩子的故事王

撇步1

從孩子的最愛開始說起

撇步2

拋出奇怪情節引發好奇心

撇步3

學習理解與包容的柔軟心

撇步4

融入與人分享的溫暖結尾

家長篇

森林裡的劍龍，一起編「說不完的故事」

故事創作就是這麼迷人，
我們一同經歷了一場奇幻、
冒險與勇氣的心靈旅程。
除了訓練口語表達能力，
也從故事中發掘人性優點。

前文〈拚搏床邊故事，家庭地位大躍升〉（見本書二一四頁），獲得親友的熱烈迴響，但是也有很多悲情老爸表示：「我很沒有創意，故事三兩下就講完了，究竟怎樣才能變出一大堆故事呢？」

其實我的床邊故事有小祕訣，常是透過組合而成。我會請小蘇姑娘自己選出兩、三個主角，搭配不同的主題來發想。我也會讓小蘇姑娘一起來說故事，隨著她的口語能力愈來愈好，床邊故事也發展出許多意料不到的精采情節。

最近我靈機一動，乾脆擴充小蘇姑娘的主角清單，並加入創造性戲劇的元素，讓它變成可自由搭配、怎麼說也說不完的好玩故事！

步驟1 故事主角大選秀

我的構想很簡單，如果能創造出十個主角、十個場景、十個故事主題，這樣自由搭配後，就可以變化出一千個故事；如果繼續擴充主角、場景或主題的數量，再加上小蘇姑娘天馬行空的亂添加劇情，就會有源源不絕的故事可講了。

首先，我們來票選心中最想要登場的故事主角。小蘇姑娘一口氣就開出十個最愛的主角：「我要有兔子、貓咪、小女孩、小熊、小鳥、老婆婆、狗狗、小仙女、蝴蝶……」我還來不及寫下，她又說出更多主角：「老爺爺、蛇、劍龍（最近幼兒園課程裡的新歡）……」

「等等，這樣角色會太多，每個主角們都會吵著要上台哦！」我急忙喊卡。還是先做出幾個主角，再來一邊演、一邊創造新角色吧！

我先請小蘇姑娘在厚紙板上，用黑色奇異筆畫出主角，並且塗上鮮豔漂亮的顏色。沿著輪廓剪下，後頭貼上磁鐵片，再放上磁鐵棒，一個角色就大功告成了。

小孩子的畫真是充滿著童趣，這隻小兔子活靈活現得好可愛。小蘇姑娘已經迫不及待的開始幫小兔子配音，嘰嘰喳喳說個不停。隨後，小熊、小貓咪、小女孩……也都一一冒出頭來和我們打招呼。

步驟2 用巧思打造奇幻場景

接著我們要來打造故事的場景。本想讓小蘇姑娘畫出故事中的場景，不過因為手繪風的場景耗時費工，我們不急著動手繪製，用最簡單的方式來製作就好。到可免費下載的國外圖庫網站，讓她挑選喜歡的風景照片。小蘇姑娘各挑了一張白天和夜晚的森林照片，剛好故事可以從白天一路說到晚上去。

將風景圖列印出來，在厚紙板正反兩面各貼一張，華麗的森林場景就完成了；還有夏天的小木屋、冰天雪地的小木屋、沙漠、海底世界、外太空……這些奇幻場景，也跟著陸續出場；再擺上小架子，打上燈光，小蘇姑娘已經迫不及待要先來試演看看了。用磁鐵棒來製作故事人物，好處是可以任意更換主角的方向：由上而下，或是由下而上；蹲在前面，或是躲在場景後頭……小蘇姑娘都可以很隨興的操作演出。

我們也試了其他場景製作方法，例如：用磁鐵棒把風景照固定在冰箱上，布置成演出舞台；或是結合無線傳輸的新科技，運用手機搜尋風景照，再從電視上播出，就是很棒的故事場景了。

說故事前，來個主角大閱兵，選出登場人物。

抽張「故事主題卡」，故事就有了大方向。

不過，小蘇姑娘還是比較喜愛桌上型的場景，其實我也是。手作本身，就存在著溫暖的情感。

步驟3 抽「故事主題卡」決定主題

接下來，就是故事主題的選擇。

我有一盒故事主題卡，以免臨時說故事時想破頭說不出來。裡頭以品格主題為主，包括禮節、誠實、自律、尊重、負責、合作、勤勞、節儉、勇敢、關懷、寬恕、感恩、助人、孝順等等。說故事前，請孩子抽一張卡，故事就有了大方向。

除此之外，故事還可以從好的行為來說，也可以從需要改善的面向來說。這一正一反的情節，又可增添新鮮感。

步驟4 全面盤點故事脈絡

所有角色，此刻正貼滿了整個冰箱，充滿童趣的畫風，將冰箱裝點得夢幻又繽紛。而主角、場景、主題卡、燈光全到齊後，我們的好戲就要上場嘍！

小蘇姑娘先是抽中「合作」卡，又指定了「森林」的場景。我心裡嘀咕著：「嗯，這應該是主角們在森林裡遇到危機，一起合作突破重圍的芭樂劇情吧！」

沒想到，她竟然邀請了五位好朋友一同出場：小女孩、蝴蝶、老爺爺、蛇、還有劍龍？我哀嚎的說：「不行啦，角色太多了，很難講故事耶！」

小蘇姑娘說：「不會很多啊，我可以幫你演。」

「那要不要分些角色當壞人？」

小蘇姑娘說：「那就把老爺爺當壞人吧！」

「可是不對，劍龍不是遠古時代的生物嗎？牠跟小女孩和老爺爺不同時代，怎麼能一起出現在同一座森林裡？」

但是小蘇姑娘自有她的說法：「因為劍龍活在很久很久以前，後來牠就死掉了呀……」

哦，這真是不失為一個好答案。我喜歡聽孩子說故事，在一旁提問，幫忙他們自己把整個故事梳理得有條理。同時，我自己也常因這些有創意又富有道理的答案而驚豔不已。我想了一下，說：「那我們把劇情整理一下，所以牠是很早就死掉的劍龍？小女孩、蝴蝶和蛇是主角？老爺爺是壞人……嗯，這樣好不好？老爺爺其實不是壞人，他只是凶巴巴在嚇阻別人，因為他想要保護森林裡的劍龍化石和墳墓。」

小蘇姑娘回答：「好，他看起來很壞，可是他是好人。」我們兩人終於達成協議，故事就要上演啦！

小蘇姑娘搶著發言：「首先，我要介紹這些要演的主角，不過我會講很久哦……第一位是小姑娘，她長得很可愛……她有一位好朋友，是很漂亮的小蝴蝶……」

在歷經一世紀時間那麼久的主角介紹後，終於輪到我發言了：「從前有一座森林，這座森林好老好老哦，傳說在森林的最深處，住著一隻劍龍。這隻劍龍長得好大，牠有多大？聽說比森林裡最高的樹還要高大……小女孩聽到傳說後，想去森林裡看這隻劍龍……」

小蘇姑娘說：「換我了。她媽媽說不可以……過了幾天，到了晚上（翻成晚上場景），又到了早上（又換成白天場景），有一隻蝴蝶飛了過來……」

小蘇姑娘認真又投入，她手上的人物動個不停，場景也換得我眼花撩亂。我們輪流各說一段故事，最後這故事發展成：「小女孩、蝴蝶和蛇，一同齊心合作，用智慧制伏了凶巴巴的老爺爺。他們發現，老爺爺是森林世代相承的守護者。而透過電視台報導，讓這座森林與劍龍文化得到了更多的保護……」

步驟6　故事中發掘人性優點

故事結束時，我們父女兩人都顯得意猶未盡。故事創作就是這麼迷

親子間你一言我一語，精采故事說不完。

人，我們一同經歷了一場奇幻、冒險、合作與勇氣的心靈旅程。

我問：「你喜歡這個故事嗎？」

小蘇姑娘說：「喜歡啊！因為我們講得聲音很好聽，而且故事裡有很多的主角。」

哈哈哈，也是啦。我又問：「那你最喜歡誰？他的優點是什麼？」

小蘇姑娘說：「我最喜歡老爺爺，因為他一直在保護劍龍……」

這個故事讓我們聊了好久，除了深入理解故事情節，同時也訓練小蘇姑娘口語表達能力。最重要的是，從故事中發掘人性優點，這是「說故事」所帶來的最大收穫。

時間有點晚了，我們約定好，明天再來玩好聽的故事。小蘇姑娘說：「明天就去外太空！我要用老婆婆當主角，還要有兔子……」

「什麼？外太空的老婆婆，身旁還有隻兔子？嗯，這真是一個好故事啊！」我瞇著眼睛說。

此刻我的腦子裡，已經開始有無數的「戴著太空帽的老婆婆在太空裡遇到一隻奇怪兔子」，瘋狂情節正快速的展開中……

Idea Box 21

貼心小叮嚀

6步驟，誘導小孩成為編故事高手

步驟1

故事主角大選秀

步驟2

用巧思打造奇幻場景

步驟3

抽「故事主題卡」決定主題

步驟4

全面盤點故事脈絡

步驟5

親子接龍創作故事

步驟6

故事中發掘人性優點

chapter 07

Future Class
In Session!

訓練表達能力

美國哈佛大學前校長德瑞克．伯克（Derek Bok）提出二十一世紀大學的八個教育目標，其中以「表達溝通能力」最為重要。因為面對未來，不論是國際化的競爭、職場上的要求或個人生活、學習上的需要，口語表達能力，已經成為新世紀的軟實力。

老師篇

口說能演，享受表達的舞台

表達力，
是影響孩子未來與他人溝通的關鍵能力。
我希望能用孩子喜歡而舒服的方式，
為他們創造舞台，讓他們喜歡表達，
在表達的過程中得到肯定自我的機會。

在新學期的電話家庭訪問中，總會有家長提到：「我家孩子比較安靜些，希望老師能讓他多發言，培養落落大方的個性。」這個問題本身很有趣，因為每一個孩子的氣質、個性都不同，表達能力究竟能否透過訓練而得到成長呢？另一個值得探討的是：究竟該如何讓孩子們習慣表達、甚至是喜歡表達這件事？

我自己從小就是一個害羞內向的孩子，我很怕別人注視著我；我喜歡隱藏在人群中，老師愈不認識我愈好。我還記得一直到了大學，在大一迎新晚會上，只是一分鐘的自我介紹，卻讓我坐立難安一個小時。上台後，沒說幾句話就匆匆下台，每個人都看到我臉上的驚慌與尷尬。

於是我積極參與社團活動，極力想擺脫這種內外不一致的扭捏個性。後來成為老師，說話的機會變多了，才慢慢累積口語表達能力。因此我清楚感受到：也許一個人的本質不容易改變，但透過技巧與練習，的確是能改善口語表達能力。完整傳達內心的想法後，自己的內心也將更加踏實，得到某種程度的自信心。

我希望能用一種孩子喜歡而舒服的方式，無時無刻為他們創造表達的舞台，讓他們喜歡表達，在表達的過程中得到肯定自我的機會。

技巧1 全班輪轉式的個人發表

做法很簡單，先從上課的發表開始，我希望在一節課裡，每位孩子都有舉手發表的機會。

如果曾經觀課，就會發現很多教室裡都有幾位熱愛發表的「妙麗」（【哈利波特】裡的主角之一），他們會在課堂上踴躍舉手、回答老師心中預設的完美答案。然而在老師們追求有效率教學時，整節課常不自覺都在和「妙麗」們隔空對話，忽略了許多「榮恩」（【哈利波特】裡的另一主角）坐在底下變成教室裡的客人。

我的做法是將學生分組，並以組別為回答的單位。以我們班上現行有A、B、C、D、E五個組別為例，就會是A1、B1、C1、D1、E1同學先發表，再輪回A2、B2、C2、D2、E2同學，再輪到A3、B3、C3、D3、E3……因此輪到第五圈、第六圈時，全班孩子幾乎都回答到老師的問題了。

沒限定哪一組或哪一位同學先回答，但回答後就趕緊把知道的回答告訴組內未舉手的同學。只要有回答，不管是好答案或是尚可的答案，都可以拿到基本分數；若回答得很完美，還能為該組多得幾分。「榮恩」等級不愛發言的同學，只要他們盡力回答，就能為該組拿下更高分，於是他們反而成為小組裡的英雄，瞬間扭轉了他們在班上的地位。

舉手發表，還必須與「傾聽」相結合。很多時候我們在教室裡常見的畫面會是：一位孩子面對著老師努力表達想法時，其他同學卻是意興闌珊、放空或偷偷做著自己的事。在我班上，只要有同學發言，就需仔細聆聽，只要能完整複誦一次別人的答案，就能加到和該組同樣的分數。

所以整個教室裡的風景，是相當熱鬧而有趣的：「妙麗」們在第一時間內舉手發言，隨即「妙麗」們熱情指導組內「榮恩」們回答問題；而別組在發言時，大家都側著耳朵、專心聆聽，並快速的舉手說「我知道他剛才說了什麼」。最後，有的組別開心

的說：「老師，我們這組全輪過一遍了，我可以回答第二次了嗎？」

技巧2 隨機抽問的小組合作學習

有時，比較深入或細緻的問題，就讓小組內部來腦力激盪，透過合作學習進行更深層理解，再用隨機抽問的方式，將氣氛引爆到最高潮。例如：教到一個較困難的數學公式、科學原理、或較難的國語造句時，我會請各小組進行討論，並將討論的內容寫在小白板上。每個人都要充分融入到小組討論之中，因為人人都有被抽中的危機，所以也讓討論發揮出更精緻的效果。尤其是學習上較慢的同學，更要努力的把他們教會，因為他們會特別受到老師的青睞，被抽中的機率特別高。

接著我們會玩一個默契小遊戲，我會喊「得獎的是」，所有孩子則伸出雙手食指，像鼓棒在空中快速揮動，嘴裡發出「咚咚咚」的聲響。當老師的手指彈出聲響時，他們就要喊出「鏘」。隨即我喊出「第四位」，每一組的第四位同學就要快速站起，並且到講台前報告小組討論的內容。

最後不管抽到的是「妙麗」或「榮恩」都沒有關係，因為老師要的是「能大方回答問題」。只要能完整的說出討論內容，再加上小組的補充說明，一樣可以拿回漂亮的高分。

前幾天剛教完梯形公式，我說：「老師看到一些同學，還呈現一臉聽不懂的緊張表情。沒關係，請小組們一起來討論這個公式是如何推導而來，並把你們那組裡『數學課最不愛發問的同學』教會，待會老師要請這些同學上來解說。」

整間教室裡陷入熱烈的討論情境，已經懂的孩子，努力為全組解說；當第一位的解說有些聽不懂時，下一位又主動站起來重新解說；而學習較落後的同學也努力聆聽，試著用自己的話再解釋一遍。

最後，令我十分驚喜的是，各組派出來負責報告的孩子，全都是平時在數學學習較落後或表達能力需加強的孩子。但這些孩子，不管是臉上充滿自信或強忍著內心的緊張感，無不奮力的想把梯形公式說得清楚明白。

透過小組合作的方式，確實可以激勵不同程度的學生，產生不同層次的學習效果。而在表達的過程中，那眼睛裡散發出的殷切與積極，正是他們未來面對困難時，勇於接受挑戰的最佳養分！

技巧3「口述作文」讓表達更流暢

要孩子學會表達，就必須隨時為他們創造可以上台的機會。

在我班上每天都必須進行聯絡簿短文寫作，當批改到較優秀的作品時，我都會在

人的本質或許不容易改變，但透過技巧與練習，
的確是能改善口語表達能力。完整傳達內心的想法後，
自己的內心也將更加踏實，得到某種程度的自信心。

底下寫上「可唸」兩字，並且在課堂中留一段時間，讓孩子們能上台和同學一同分享。

我將這樣口述分享的過程稱之為「口述作文」。當台上的孩子與眾人分享創作時，會產生極大的成就感，也會激勵日後的創作能量；同時，這也是口語表達的訓練。而台下的孩子，也藉由聆聽，學習到他人文字裡的優美創意。

前幾天特地留了一大段時間，讓一些寫作優秀的孩子上來分享他們的作品。其中有兩位，從開學到現在從來都沒有上過台，所以在他們上台前，我還特地誇獎了他們在文字裡的用心與進步。

雖然這兩位孩子唸得結結巴巴，但語調和反應都讓大家笑彎了腰。其中一位孩子說：「今天老師說我很乖，我也幫了老師一個大忙，我們全班有二十四個人……」

全班說：「我們全班二十三個人！」

孩子有些傻住：「好啦，我寫錯了嘛……（恢復正經語氣）我們全班有二十三個人，老師只有一個，還有一群不乖的同學每天都在惹老師生氣……」

全班抗議：「你自己也常惹老師生氣啊……」（老師在台下憋笑到快內傷）

孩子不好意思的說：「你們不要干擾我……（恢復正經語氣）但只要我們乖一點，就可以幫老師一個大忙，讓老師不再煩惱了。」

透過這樣口述作文的過程，不但訓練著孩子們的表達能力，也讓彼此的想法與情感能夠快速交流，讓認同感與向心力持續在這個班上緩緩的流動著。

技巧4 戲劇打開孩子的肢體與自信

我習慣在課程中融入戲劇元素。透過肢體與戲劇，能讓表達更具有說服力，更能成功抓住他人目光。

以往教健康課時，我都請兩個組別在上課時演一齣小戲，當成是這一課的引起動機。我們再依照兩組的戲劇內容，做更深入的理解與討論。

這樣每週演一齣小戲，長時間累積下來後，會發現孩子們在各方面都有非常顯著的進步。孩子們除了能對課文內容有深刻的理解，在劇本、道具與服裝上，都可以看到展現出高度的創造力。更重要的是，孩子們開始享受站在台上的樂趣。

我教過一位個性害羞的女孩，她曾因開學時自我介紹說不出話來，最後竟然在台上慌亂大哭；但在一次又一次的上台表演後，她能主動編寫劇本，並且帶領全組同學在台上又扭又跳。我也曾經教過一位看似個性沉默的轉學生，下課時總是安靜、不與人交談；但在上台後他扭腰擺臀、展現高超演技，下台後馬上變成全班的偶像。

今年我將戲劇課融入了國語課之中，每一課都先請兩個組別上來PK，演一齣三到五分鐘的小戲。

剛開始每組孩子在台上，又是笑場、又是慌亂的手足無措。但隨著一課又一課的上台，目前已是第七次演出了，會發現在台上笑場的人變少了，少了一些無厘頭劇情，多了些課文延伸的深度。

相信再這樣繼續實施兩年時間，他們在台上的口條會更清楚，肢體裡也會更有情感，舉手投足中將充滿吸引他人目光的魅力。

表達力，是在忙碌的生活與學習中，容易被忽略的一環，卻是影響孩子未來與他人溝通的關鍵能力。我們大人需要時時留意並關注，才能為孩子們持續創造勇於思辨、表達自我、樂於分享的舞台！●

Idea Box 22

教學小錦囊

4技巧，讓孩子都喜歡表達

技巧1

全班輪轉式的個人發表

技巧2

隨機抽問的小組合作學習

技巧3

「口述作文」讓表達更流暢

技巧4

戲劇打開孩子的肢體與自信

家長篇

善用遊戲玩表達，跟無聊說再見

當孩子感到無聊時，
那就是他需要我們陪伴的時候。
與其花大錢讓孩子去上潛能開發的課程，
不如善用每一次所謂「無聊」的時間。

連續假期巧遇大塞車，一家三口被困在龜速的車陣裡，車內密閉的空間令人昏昏欲睡。

我們車上沒有DVD螢幕，也不讓孩子玩手機，我們刻意避開3C產品對孩子的影響。那麼，要如何度過這麼長的空檔時間呢？

我提議說：「塞車了，好無聊哦，我們三個人來玩個遊戲吧！」

小蘇姑娘趕緊坐正、眼神發亮的說：「好，要玩什麼遊戲？」

「終極密碼」玩數字區間概念

「當然是緊張又刺激的『終極密碼』嘍！我先來出題，從零到十，請你們來猜看看爸比心裡設定的數字吧！」

「終極密碼」是個電視上常在玩的熱門遊戲，遊戲玩法很簡單，大家輪流去猜主持人心中設定的數字，主持人就會回答「多少（數字）到多少（數字）」；大家輪流猜，號碼就會愈逼近；而最後猜出主持人心中預設號碼的人，就會得到大家的「大爆炸」一枚。

媽咪首先猜了個「五」，於是數字區間縮小到「五到十」；小蘇姑娘猜了「六」，區間縮小成「六到十」。

媽咪說：「真的好緊張哦，那我要猜九。」

我說：「確定嗎？要不要改？真的確定不改……恭喜媽咪躲過炸彈了，現在是六到九。」

小蘇姑娘也神情緊張的喊了一個：「五。」

「不是啦，是要喊六到九中間的數字，中間有哪些數字呢？」

「七和八，」小蘇姑娘說。

「對！七和八選一個數字，」我們說。

最後小蘇姑娘選了「八」，我說：「哈哈，恭喜你，接下來是六到八。」

媽咪大叫：「哇，那就是七嘍？」

於是我和小蘇姑娘大聲的朝向媽咪，喊了一聲：「碰！」炸彈炸開啦，我們三人都在車上笑開懷。

因為小蘇姑娘才四歲多，所以剛開始我們設定在零到十的區間數字，玩了幾輪後，再逐漸將數字從零擴大到二十、三十，更增加遊戲的難度與趣味性。

不過剛玩這遊戲時，小蘇姑娘不願意猜中炸彈數字，還因此發了一頓脾氣。我們跟她解釋，這就是一個遊戲而已，一次遊戲後頭還有另一次遊戲，享受遊戲中的樂趣最重要。鼓勵她大聲說出這炸彈數字，再以最快的速度進行下一次的遊戲。經過一、兩次的練習，小蘇姑娘也能開心的喊出炸彈數字，挫折忍受力瞬間升級。

我們也讓小蘇姑娘練習當主持人，媽咪在一旁偷偷的協助她。等小蘇姑娘再大一些，這遊戲還能繼續轉型成「猜單數」、「猜偶數」、「猜三的倍數」、「猜小數」……好玩得不得了！

數字玩累了，來玩個觀察遊戲吧！總覺得我們這個社會太忙碌，鮮少有機會靜下心來觀察生活的各種姿態。

「我看到……」玩自然觀察力

一邊開車的我說：「現在我們輪流說自己看到什麼？由我先開始，我看到路旁有好多的樹。」一棵棵行道樹在行駛中向後退去。

媽咪說：「換我了，我看到很多的車子。換小蘇姑娘了。」

小蘇姑娘撒嬌的說：「我不會說耶。」

媽咪耐心的陪著小蘇姑娘，悄悄的暗示她，於是小蘇姑娘開心的說：「我有看到路旁有很多的房子。」

「對，我們看到好多房子。換我了，我看到有一座橋在我們上面，我們現在開過去了。」

媽咪說：「我看到有一座亮晶晶的水塔，在那邊！現在換小蘇姑娘了。」

小蘇姑娘想了好久，「嗯」了老半天，她說：「我看到一隻白色的鳥。」

專心開車的我問：「哇，有看到鳥耶，是自己看到的嗎？」

媽咪說：「有，剛才那裡有一隻白鷺鷥。是她自己看到的。」

「哇，好厲害！那換我了，我看到……我看到……路邊好多的垃圾耶！」我大叫。

此話一出，我們都笑了，因為路旁的垃圾還真是不少。觀察遊戲一輪一輪的進行，難度變高了，因為不能重複別人說過的話。媽咪都快舉手投降了，好不容易擠出一句：「我看到路旁的紅綠燈。」

反而是小蘇姑娘，在我們的加油打氣和讚美聲中，屢屢說出令我們訝異的答案：「爸比換我講，我剛才看到山；我看到手錶的廣告；快點、快點，換我說了，我看到挖土機還有吊車；我看到有打叉叉的鐵塔，大家都不能過去……」

除了小蘇姑娘，我和她媽咪也在一輪又一輪的觀察比賽中，看到許多從未發現的景致，例如：連路燈都有各種不一的形狀——有彎腰的路燈、長得像飛碟的路燈、Y字型的路燈……

觀察力真的需要多練習，不管孩子或是大人皆是，才能在日復一日的忙碌中，感受到這世界有多麼的美好！

「口述寫作」玩表達能力

觀察的過程，如果能再加些描述句或形容詞，整個事物就會鮮活了起來。

「糟糕，所有的東西都快被我們講光了，那我們現在再來重玩這個遊戲。可以講你剛才看到的東西，不過這次我們還要多加一句話來形容這個東西，可以說它是什麼形狀、是什麼顏色、或它正在做什麼。」

我的遊戲規則還沒有說完，小蘇姑娘便開始搶答：「我有看到那個長長的電燈，是照晚上的。」

「哇，你說得真好。長長又高高的路燈，把晚上的道路都照亮了。現在換媽咪說了。」

「我看到旁邊這台大貨車，它長得好奇怪哦！它只有載一半的貨而已，沒有全部載完，」媽咪說。

「我看到路上有很多的車子，可是因為下雨，所以到處都是水花，你看那邊，車子輪胎後面都是一片霧霧的，好像在冒煙哦！」

小蘇姑娘贊同的說：「我也覺得耶！那些水全部都噴上來了。換我了，我看到……〇〇〇，那裡還有好多摩托車。」

我問：「是大賣場前面的停車場裡停了很多摩托車嗎？」

「不是，是那裡有很多摩托車，都騎很快，就這樣『咻咻咻』的騎過去。」

我們忍不住發出讚嘆，因為在這樣口述寫作中，小蘇姑娘開始運用形容詞與特徵、甚至是動態語句來描述事物。這遊戲多練習幾次，不僅孩子的觀察能力變得更敏銳，連表達能力都變得流利而自然。當然我們大人也能在這歷程中，欣賞到孩子獨特且極富創意的思維。

「故事接力賽」玩創意

更多時候，我們在車上最常做的事情，就是唱歌、說故事、猜謎。

說故事，不見得都是大人挖空心思的說、而孩子冷漠的聽。最近我和小蘇姑娘老

運用趣味化的遊戲，幫助孩子複習所學、創造思考、
培養表達能力；也在孩子還小的時候，
幫他們的童年多存一點歡笑聲以及親子互動的溫暖回憶！

愛一起創造故事：由她選定幾隻動物主角們、設定地點場景以及發生了什麼事，接著彼此輪流說故事。

例如，小蘇姑娘選了小貓、小兔子和小雞出場：「他們是好朋友，都在一起玩。」

我說：「因為他們是很好的朋友，所以他們都住在一起。他們住在美麗的森林裡，這座森林好漂亮哦，因為……換你了。」

小蘇姑娘說：「有好多的花，還有好多樹。他們都一起在那裡玩遊戲。」

我問：「等一下，請問為什麼小貓和小雞是好朋友？小貓會不會吃掉小雞？」

小蘇姑娘說：「不會啦，因為小雞有救過小貓，所以他們變成好朋友。」

我又問：「為什麼小雞曾經救過小貓呢？」

我們的故事，就在一問一答之間展開。常常劇情都會跟著我的問題和小蘇姑娘的答案而大轉彎。她說不清楚和比較不合理的部分，我會幫她釐清；並且再把故事接上更爆笑的情節。這樣全家合力一同創作故事，相信比任何童話故事都還要精采。

當孩子感到無聊時，那就是他需要我們陪伴的時候。與其花大錢讓孩子去上潛能開發的課程，不如善用每一次所謂「無聊」的時間。

運用趣味化的遊戲，幫助孩子複習所學、創造思考、培養表達能力；也在孩子還小的時候，幫他們的童年多存一點歡笑聲以及親子互動的溫暖回憶！

Idea Box 23

貼心小叮嚀

戰勝無聊的4個小遊戲

遊戲1

「終極密碼」玩數字區間概念

遊戲2

「我看到……」玩自然觀察力

遊戲3

「口述寫作」玩表達能力

遊戲4

「故事接力賽」玩創意

chapter 08

Future Class
In Session!

培養閱讀力

全世界的教改白皮書都直指：閱讀素養，是二十一世紀人才最需要的關鍵能力。閱讀力，關乎獨立思考與判斷的能力，是終身適用的自學能力，也是得以陪伴、療癒個人心靈的美好習慣。

老師篇

打開書，打開一扇扇眺望世界的窗

若不是當時的閱讀習慣，
我不可能打開了我的學習視野，
從書中看到更深、更廣的世界。
沒有閱讀，我可能還是那位言之無味、
內向膽怯的農村小子。

剛從學校書展上買了近十本書回教室，這是因為孩子們一直在我面前不斷誇讚著樓下書展的書有多麼好，臉上既是開心又是羨慕的神情。

所以抱著這疊新書走進教室時，孩子們興奮的喊著：「謝謝老ㄙㄨ對我們這麼好！」

我笑著說：「其實你們很幸福，能生長在一個有閱讀的年代！」

於是我和孩子們說起了一個故事……

從小，我就是一位很愛看書的孩子，可惜那是個不知道什麼叫「閱讀」的年代。家中的經濟狀況並不寬裕，父母親也不覺得讀「課外書」將來會有什麼出息。家裡沒有半本書，有的只是哥哥偷買的幾本漫畫書而已。

有一年國小暑假到表哥家作客，表嫂是一位幼稚園老師，房間裡有一書櫃的書，雖然只是幾套兒童小百科，卻讓我的眼睛瞬間發亮。這是我第一次看見這麼多書，完全沉浸於閱讀的喜悅之中。整個夏日午後，外頭傳來玩伴們的嬉鬧聲，而我卻捨不得離開這裡。

驚見書世界，瘋狂投入

那一刻，我驚覺書的世界實在是太迷人了。原本無趣單調的農村生活，倏地從地面上竄出高聳的城堡、森林與大山，裡頭有仙人、飛機呼嘯而過，而驍勇的戰士正揮舞著寶劍，寫下一則又一則的英雄傳說。

升上高中後，我又大驚小怪的發現，學校裡有一棟神祕的建築物叫做「圖書館」，無數迷人的書籍正躺在裡頭向我瘋狂招手。於是我借回一套套的經典文學，輕撫著這些書，聞著那陳舊的氣味。有很長一段時間，我甚至著迷到無心上課，用課本蓋著這些書，再一頁一頁偷看，完全無視於數學老師臉上憂心的眼神……長大後，覺得當時的自己很傻，大學聯考的數學考得超爛不是沒有原因。不過，現在的我，卻十分感激當時自己那幾近瘋狂的閱讀行為。

若不是當時的閱讀習慣，我不可能打開我的學習視野，從書中看到更深、更廣的世界；沒有閱讀，我可能還是那位言之無味、內向膽怯的農村小子。

我感謝閱讀所帶來的想像力與創造力訓練。透過閱讀，在腦海裡能勾勒出作者的筆下世界，重現一趟又一趟的華麗冒險；也透過閱讀，讓我具有流暢力與變通力的思維，賦予我更多勇於創新的行動能量。

上星期和老同事吃飯，聊到一些對生活的見解，我不自覺帶入了一些書籍的理論與心得。同事說：「我到現在才知道你很愛看書……我們家裡只有韓劇與新聞台……」

我才發覺：童年時對書的渴望、青少年時對書的愛戀、以及現在隨時隨地的閱讀習慣，早已與生命交疊成不可切割的關係。

雖然腦中的知識沒有比他人豐富，雖然我的文筆並不是最動人，但是閱讀習慣確確實實影響著我的人生。我的人生，也因閱讀而變得更加精采！

當我說完閱讀與我人生的故事時，我發現台下孩子們個個專注聆聽。隔天，有好多孩子寫下聽完故事的想法：「老ㄙㄨ謝謝你，為了全班，把你的錢包掏空，拿去買書。雖然我不是那麼喜歡看書，但是我知道老師想要表達什麼……」「老師花了那麼多錢買書，是希望讓我們變得更愛閱讀。你只有想到我們，都沒有想到自己。我覺得

童年時對書的渴望、青少年時對書的愛戀、
以及現在隨時隨地的閱讀習慣，
我的人生，因為閱讀而變得更加精采！

我們現在好幸福，不像你小時候一樣……」

另一位孩子也說：「謝謝老師總是提供許多書給我們看，還有今天書攤來學校，你還特地花錢買我們喜歡看的書，讓我們能夠閱讀。今天老師說自己的故事給我們聽，雖然我看起來像在發呆，但我都有聽進去，並且思考老師為什麼是說這個故事，而不是說別的故事。老師，謝謝你！」孩子們這些回應，帶給我好多的力量。

挑書給自己的雀躍

尤其是來自低收入戶的孩子小靜，我想這段話有真實的傳達到她的心裡，因為那雙始終望著我的眼神特別的晶亮。下課時我特地把她喚來，我問：「老師在分享我的故事時，你看起來好專心，一直看著我。」

小靜點點頭說：「嗯，我覺得老師小時候好可憐！」

「那麼，這個故事有帶給你什麼不一樣的想法嗎？」我又問。

於是我們師生邊聊天邊走下樓，最後我們走到書展攤

位旁，我拿出一千元交給小靜，讓她挑幾本心愛的書送給她自己。小靜又驚又喜的道謝，走進書展的攤位時，還興奮的一直在原地蹦蹦跳跳著。

我坐在一旁階梯上，看著這一幕，心裡頭暖暖的。我彷彿看見了小時候那乍見一排書櫃而狂喜不已的自己。終於，可以不再是畏縮在一旁羨慕著，而是有機會擁有自己心愛的書。

我親愛的孩子啊，我是真心想傳達給你們那份熱愛閱讀的心情。

也許我們無法選擇原生家庭，但我們可以選擇改變自己未來的方法。也許生活環境無法提供我們豐裕的學習資源，但我們可以為自己打開一扇扇眺望世界的窗。而閱讀，正是改變未來的力量；閱讀，就是為自己開啟通往世界的大門。●

Idea Box 24

教學小錦囊

2招，讓孩子愛上閱讀

招式1

傳達給孩子那份熱愛閱讀的心情

招式2

營造有書的環境，甚至有機會擁有自己心愛的書

老師篇

掌握5原則，教孩子不愛上閱讀都難

為他們營造出閱讀的氛圍，
幫他們建立起閱讀的規律作息，
就能讓孩子愛上「閱讀」這件事！

我自己喜歡閱讀，也希望能將閱讀的感動傳達給我的孩子，在他們年紀還小時，就在他們心中種下一顆熱愛閱讀的種子。

過往，我會用班級讀書會來帶動班上的閱讀。但後來發現，只要老師成功營造出閱讀情境，加上適度的引導，把握下列五個原則，要啟動班上的閱讀風氣其實一點都不困難。

原則1 激發孩子閱讀的渴望

以我現在這個班級為例，隔了一年再回來帶同一批孩子，我的書櫃已躺在班上兩年了，要他們去拿書回來閱讀，個個意態闌珊的喊著：「老師，那些書我們都看完了！」

於是，我使了個小心機。連續好幾天，我從家裡帶一袋袋新書到學校，在辦公桌旁堆疊起好幾座小書山。不急著把書放入班級書櫃裡，只管讓這層層疊疊的小書山愈堆愈高。

開始有好奇的孩子探著頭說：「老師，你有好多書哦！」

「是呀！這裡頭有好多很精采又剛上市的好書。像這本，前面的情節我覺得寫得超爆笑的，後面的結局卻很發人深省。」

「這本書可以借我看嗎？」這是一位平時不是那麼愛書的孩子，提出這樣的請求還真令人嚇一跳。

「好哦！我可以借給你，不過你要看快一點，因為我這幾天要貼上『優』字好書的貼紙。」我偷偷摸摸的把書塞給她。

成功借到書的孩子，臉上現出一抹得意的笑容，蹦蹦跳跳的回座位，開心讀著熱呼呼的新書。

其他孩子也來抗議：「老師，為什麼她可以先借到書？」

「哈哈，那是你們沒有先來搶啊？這邊還有其他好書，像這系列偵探小說，很適合你們看……」於是有更多孩子歡喜的捧著新書回到座位，遍地開滿了熱愛閱讀的小花朵。

我常覺得，只要大人們一個小動作或一句話，就能在不知不覺中引發孩子的學習渴求，成功激勵出他們的學習動機來。

原則2 當孩子的學習放大鏡

這幾座書山展示了幾天，也釣足了孩子們的胃口，於是把這些書來回幾趟搬到前面講桌上，演出氣喘吁吁的表情。我說：「哇，這些書真的好重哦，老師從家裡搬來學校，老人家的差點腰扭到……唉，你們知道都是為了誰嗎？」

孩子們都說：「老師你好辛苦哦……老師你人好好哦……」

「只要你們想讀、有辦法讀完這些書，老師還會從家裡帶來更多的好書。這些書都很好看，之前已經有不少同學來借書了……像這本書，描述一位沒自信的男孩努力想改變現況，情節很爆笑又精采，已經有好幾個人看過了。」

有孩子馬上附和：「對呀，我快要笑死了。」

我又拿起另一套書說：「像這套書，雖然講的是我們東方的鬼故事，但裡頭談的卻是『愛』。十年前我看過這套書，覺得好感動，十年後再讀它還是覺得好精采。它被喻為『還可以再讀它十年』，可見它多麼有分量。有沒有人想看的呢？」

全班半數以上的孩子都舉手了。

「像這本書，在老師很小的時候就看過這本書，講的是像我們這樣的班級裡頭，發生的一些溫馨感人的小故事。流傳三十年現在又重新再版，可見它多具有文學價值……不知道有沒有人想看這本書呢？」

我話還沒有說完，又一堆人舉起了手。

「還有這本書，老師每看它必哭，想不想知道到底戳中老師哪些哭點呢？……哦，還有這套書，是寫原住民的傳說，想看台灣版的〈哈利波特〉嗎？……」

每介紹完一本書，就有一堆孩子熱烈舉起手來。我喜歡這樣當孩子的學習放大鏡，放大書本裡的優點與動人之處，孩子自然而然的就啟動了閱讀力。

原則3　擴充優字好書書庫

我會在這些挑選出來的書背上，貼上蓋著「優」字的小貼紙，代表這本書具有較佳的可讀性。

「優」字好書的挑選原則，只要有：文字量較多插圖較少、主題正向、文字優美、兼具趣味性……就會被列入班上的「優」字好書書庫。這些好書厚薄不一，有的逗趣、有的艱澀，但前提都是我自己曾經閱讀過的書，值得推薦給班上孩子。

「優」字好書的數量，約為全班人數的二至三倍，也就是同時間書架上有六十、七十幾本「優」字好書可供選擇，所以孩子們可以找到適合自己閱讀程度的書本。

為了讓孩子們有可以選書、換書的機會，所以「優」字好書的數量，約為全班人數的二至三倍，也就是同時間書架上有六十、七十幾本「優」字好書可供選擇，所以孩子們可以找到適合自己閱讀程度的書本。

當貼上「優」字貼紙、並把書本重新放回去後，一下課，全班孩子都衝向書櫃區，用喜孜孜的表情搶讀這些老師認證過的「優」字好書。

原則4 創造閱讀的時機

閱讀很難推動的原因，主要除了沒有適合的讀物之外，更重要的是沒有常態的閱讀時間以培養成閱讀習慣。

因此我在班上留給孩子許多閱讀的時間，包括：晨光時間、每節課的零碎時間、午休……只要有空閒時間，就把「優」字好書拿出來讀吧！

晨讀是我的第一步，配合學校的晨讀政策，孩子們在音樂鐘聲響起後，桌上收拾乾淨，只留一本「優」字好書，開始進行晨讀活動。讓他們身處滿滿的書籍中，給予

他們一段不被打擾的空白時間，再透過團體共學的情境，再不愛看書的孩子，也會開始動起來。

實施不到幾個星期，只要晨讀時間一到，就可以發現大多數孩子都會主動去取用一本書來閱讀；少數幾位孩子經提醒後，也會安靜的加入閱讀行列。不管在閱讀動機上、或是靜態學習的接受度上，全班都有明顯的進步。而早晨美好的一天，就在陽光灑落、充滿閱讀能量的氛圍中展開了。

看著這些認真的小臉蛋，可以感受到他們臉上正漾著光采、心無旁騖的在想像世界裡盡情翱翔著。甚至連下課時間，也有一群小書蟲們，在教室裡默默的啃食著一本又一本的好書，完全無視於教室外頭的遊戲喧囂聲。

我也會邀請爸媽們一同來協助，把閱讀「優」字好書，當成週末的一項家庭作業。只要孩子有閱讀，爸爸媽媽就在作業欄裡簽名，就能得到一枚笑臉章。爸媽們毋須太過用力的催促，只要留給他們一段不被打擾的時間就行了。

原則5　融入閱讀理解策略

喜歡閱讀，並不等同於能提升語文能力，讀得懂、讀得深入才是關鍵。

有的老師讓學生寫「閱讀心得」，以確保孩子回家真的有進行閱讀。但我個人不是那麼愛這類型作業，除非是進行過巧妙的設計以及後續的討論，否則讀一本書後就表示又要寫一張學習單，這種制式化的教學，會把對閱讀很單純的熱情消磨殆盡。

所以我們班上，除了每週的自由閱讀，數週才會有一次請孩子以「推薦好書」的形式，用文字介紹這本書的優點，並讓他們輪流上台和同學分享好書推薦的內容。也會請孩子在聯絡簿短文上，以「為什麼」的自問自答方式，加以評論並做深入探討。至於全班共讀的書目，會採用班級讀書會形式，透過「提問單」來引導學生思考，在眾人的討論中，讓閱讀達到深入理解的層次。

孩子們最需要的就是「願意打開書來閱讀的理由」，所以我更想要細心呵護他們好不容易燃起的小小閱讀火苗。

為他們營造出閱讀的氛圍，幫他們建立起閱讀的規律作息，他們就會開始不排斥書、願意接受書，甚至於開始愛上與享受著「閱讀」這件事！●

IdeaBox 25

教學小錦囊

8策略，班級推動閱讀

1. 閱讀環境的營造

班上書庫、圖書館、推車、行動咖啡館……

2. 身教的影響力

和學生一起愛上閱讀、展現老師買書的決心、老師進行閱讀情境布置、老師進行好書推薦與介紹、老師說故事……

3. 家長的配合

喚醒家長認同閱讀的重要性、訪問家長、家長共讀、親子共讀一篇文章、全班家長共讀一篇文章、班刊刊出、成果發表的活動參與……

4. 情境的布置

教室布置、好書推薦、方便取得、名言佳句、作者介紹、優秀作品共賞……

5. 時間的規劃

學校的閱讀課、零碎的課餘時間、晨讀的時間、回家的閱讀時間

6. 閱讀策略

讀書報告、提問單、班級讀書會、延伸活動、眼見為憑：作者、現場、實物……

7. 班級讀書會

享受書的美好、表達能力的培養、聆聽他人的能力、提問的能力、感受到眾人愛書的心情、全班情境融洽……

8. 成果產出

文章分享、班刊分享、部落格分享、口述寫作、統整活動（製作小書、訪問作者……）

家長篇

親子共讀偷練功，閱讀素養大成功

我喜歡為孩子講故事，
喜歡坐下來和他們聊聊書。從共讀中，
我們可以聊出書的深層理解與含意；
也從共讀中，
聊出更多親子間的親密互動與感情來！

常常有家長苦惱的問我：「為什麼孩子都不愛閱讀？為什麼孩子總是三兩下就把書翻完？為什麼孩子讀了那麼多的課外書，感覺語文能力還是很差？」這些問題其實總要回過頭來問：您也是一位愛閱讀的人嗎？您有常陪在孩子身邊，一起享受親子共讀所帶來的樂趣嗎？

要培養孩子的閱讀習慣，得先讓孩子感受到閱讀的樂趣；在家裡，需要營造全家樂於閱讀的氛圍。這事急不得，也很難靠外力去達成。

最近幾年，學校裡老師的教學，已經開始運用更具閱讀素養的教學策略；在考試題型上，也轉變成較多元的閱讀理解題型。爸爸媽媽們在家中，也可從親子共讀中，帶領孩子進行更深入的理解與探討。

由孩子自己來說故事

這本《愛哭公主》，最近在我們家成為最受歡迎的床邊故事。因為作者賴馬的畫功高深，文字又頗富意義。不管是故事內容、插圖裡的細微處，每一頁都讓我們笑到東倒西歪；而讀到較溫暖的情節時，也讓我們親子間多了許多討論。

有時候，我們會讓小蘇姑娘自己來說故事。雖然還看不懂字，但她說起故事來可不含糊：「愛哭公主在路上哭回家，她爸爸媽媽就說：『接下來你生日要到了，要幫你辦粉紅色的生日派對。』……後來愛哭公主就大哭，全部的人都快點跑……後來她的媽媽教她一個不哭咒語……」

讓孩子自己說故事，可說是好處多多。不但可以讓小蘇姑娘輕鬆掌握故事的大綱；也藉此培養她的口語表達能力、聲音變化能力；更讓她不知不覺中愛上閱讀，感受書所帶來的神奇魅力。過程中，她難免說出一些很不重要、但又記不清楚的細節，急得有些生氣。我們除了幫她適時補充資訊，也提醒她精讀和略讀的差異。不必太著墨於不重要的細節，把故事說得有趣才是最重要。

欣賞書中的優點

小蘇故娘故事說完後，我稱讚她：「哇，你的故事說得真好，比爸爸說得還要精采。」小蘇姑娘不好意思的笑了笑。

我接著問：「你喜歡看這本書嗎？為什麼喜歡？」

小蘇姑娘回答：「喜歡！因為我喜歡愛哭公主，她很愛粉紅色，又很愛漂亮。」

哇哈哈，小女孩的喜歡，還真是沒有道理可言啊！「是因為你自己喜歡粉紅色，對吧？但是，愛哭公主還有沒有其他的優點？」

「有啊！我覺得她現在笑咪咪的樣子很可愛。」

我說：「原來你是說你喜歡她笑咪咪的樣子。那她什麼時候有笑咪咪？書裡頭哪裡有呢？」

小蘇姑娘指著圖片說：「在這一頁，在辦粉紅色派對的時候……在黃色派對的時候也有……還有這裡，她叫大家要叫她『愛咪公主』的時候……」

「哇，你觀察得好仔細喲！」

接下來，我的問題中偷偷藏著閱讀素養的四個層次問法，來準備考考這位四歲多小娃。

1. **提取訊息：找出閱讀重點**

我問：「你知道愛哭公主原本叫做什麼名字？」

「愛咪公主。」

我又問：「你怎麼那麼厲害？藏在最後一頁的答案都被你發現了。為什麼大家都要叫她『愛哭公主』呢？」

小蘇姑娘解釋說：「因為她每次都很愛哭啊！」

我說：「如果她以後不哭了，別人還會叫她『愛哭公主』嗎？」

「不會，別人就會改叫她『愛咪公主』。」

我稱讚的說：「你說得好清楚，那我再問你，最後她為什麼會笑咪咪的？」

小蘇姑娘說：「因為她說了『不哭咒語』。」

我又問：「你知道『不哭咒語』要怎麼說嗎？」

顯然小蘇姑娘好愛這個神奇的不哭咒語，只聽她大聲的朗誦著：「深呼吸，一二三，怪怪東西看不見，哭哭臉變笑笑臉！」

原來她把咒語全都牢牢記在腦子裡了。我們父女還一句又一句做了手語動作，又唱又跳後兩人都哈哈大笑。

2. **推論訊息：串聯故事文體**

我問：「那我再請問你，這本書裡，你有看到愛哭公主辦了幾次派對呢？」

「兩次。第一次是哭的，在這裡……第二次是在這裡……」小蘇姑娘翻書頁翻得好忙啊。

我又問：「它們是什麼顏色的派對呢？」

小蘇姑娘說：「有粉紅色派對，還有黃色的派對。」

我用神祕的語氣問：「還有別的顏色的派對嗎？」發問的同時，我偷偷把書的背面對向小蘇姑娘。

「呵呵呵，還有一個，是藍色的派對！」小蘇姑娘發現書背面的提示，忍不住笑了出來。

「所以總共有幾次的派對呢？」

「有『三』次的派對！有粉紅色派對、黃色派對、『藍色』派對，」小蘇姑娘特別加重音的說。

我又問：「那你最喜歡哪個顏色的派對？……哦，是黃色的派對，為什麼？」

小蘇姑娘說：「因為她有說咒語，所以我喜歡第二次。」小蘇姑娘一邊說，一邊又把神奇咒語重新講了一遍。

我忍不住「哦」了一聲。孩子獨特又純真的回答，永遠讓我們有意料之外的驚喜，這也是我很喜歡和孩子對話的原因。

我試著讓小蘇姑娘更完整的回答：「因為她在第二次的黃色派對上，她有努力的做了什麼？」

經過慢慢引導，小蘇姑娘回答：「她有說咒語，因為她媽媽叫她生氣時要說咒

語。」

「對，她很努力不生氣。所以你喜歡第二次派對是不是？」

3. **詮釋整合：建構自我觀點**

「那爸爸再問你，這個咒語是不是真的？」

小蘇姑娘說：「是真的。」

我說：「爸爸的意思是說，這咒語是巫婆的咒語，只要唸一遍，就會『咻』的一聲馬上不生氣？還是說，她是在告訴自己不要生氣？」

小蘇姑娘想了一下，說：「是她告訴自己不要生氣，因為她愛哭。」

我接著問：「咒語裡的『怪怪東西』指的是什麼？」

「全部的怪怪東西。」

我手指著圖片，暗示著小蘇姑娘：「這兩頁的圖裡，哪個東西看起來最怪？」

小蘇姑娘看著圖說：「是藍色的東西，那是小男孩的藍色帽子。」

「為什麼它是怪怪東西呢？」

小蘇姑娘說：「因為黃色派對的所有東西都是黃色，要全部都一樣，不可以有藍色的。」

「所以她才要跟自己說『哭哭臉變笑笑臉』，她自己就會……」

小蘇姑娘馬上接話：「不哭了，馬上變笑笑臉。」

讓孩子自己說故事，可以讓孩子輕鬆掌握故事的大綱，
也藉此培養他的口語表達能力、聲音變化能力；
更讓他不知不覺中愛上閱讀，感受書所帶來的神奇魅力。

我笑著說：「對呀，媽媽的咒語是希望她不要再哭了。她媽媽除了教她一個很厲害的咒語，還有送她一個很神奇的東西哦！」

小蘇姑娘也笑了：「我知道！是黃色眼鏡。」

「為什麼媽媽要給愛哭公主一副黃色眼鏡？」

小蘇姑娘說：「因為這樣所有的東西，都會變成黃色的。」

我把問題再整理一下：「所以你可以告訴我，愛哭公主的媽媽送她哪幾樣東西，可以讓愛哭公主不要再哭呢？」

沒想到，經過慢慢引導，小蘇姑娘最後也能說出：「媽媽送她兩個東西……第一個是送她黃色眼鏡，讓她把怪怪東西都變不見……第二個是教她不哭咒語，讓她不要再有哭哭臉……」經由引導，沒想到四歲多小娃可以說出如此完整的回答，讓人覺得小孩子的理解能力真是潛力無窮！

4. 比較評估：培養批判思考

「那爸爸問你最後一個問題，你喜歡作者賴馬把藍色派對藏在書的背面嗎？」

「不喜歡，它應該在書的裡面。」

我又問：「但是他為什麼要把藍色派對放在書的背面呢？」

小蘇姑娘回答：「因為書的圖已經畫滿了，所以他就把書蓋起來，畫到書的背面了。」

哈哈哈，好可愛的答案，這也不失為一個好回答。「不過爸爸也有另外的想法，應該說故事已經講完了，所以藍色派對已經是另外一個故事。」

「不是啊，藍色派對也是故事，」小蘇姑娘反駁的說。

「藍色派對是後來發生的，他其實想講的故事是？」

「黃色和粉紅色的故事，」小蘇姑娘說。

所以我又問了一次：「他為什麼要把藍色派對放到書的背後呢？」

小蘇姑娘說：「因為故事已經講完了……黃色和粉紅色的故事已經講完了……所以他就把藍色的故事放在最外面。」

我說：「我覺得這樣能製造突然發現的驚喜哦！有一天突然看到背面的圖，會想到：原來他們後來有辦藍色派對？」

小蘇姑娘笑著說：「對，我是讀了好多次以後，才突然看到最後的藍色派對。」

我們的對話，礙於篇幅還有很多無法寫進來。但是能和四歲多小娃談書談得如此深刻，也讓我對閱讀理解策略的運用，更多了一分肯定與期待。

我喜歡為孩子講故事，喜歡和他們聊聊書。從共讀中，我們可以聊出書的深層理解與含意；也從共讀中，聊出更多親子間的親密互動與感情來！

Idea Box 26

貼心小叮嚀

共讀繪本，練習閱讀層次

層次1

提取訊息：找出閱讀重點

層次2

推論訊息：串聯故事文體

層次3

詮釋整合：建構自我觀點

層次4

比較評估：培養批判思考

chapter 09

Future Class
In Session!

陶冶品格力

曾獲頒品格教育終身成就獎的美國學者湯姆・李寇納（Tom Lickona）認為：品格力等於學習力，在鍛鍊品格的同時，就是在激發追求卓越的學習態度。

老師篇

一起來練「轉念」功

我希望我的班級，
能營造出和諧相處、彼此互助的氛圍；
我也希望我教出來的孩子，
能對他人有更多的包容心，
能用更正面的思維來觀看這世界。

教了這群小蘿蔔頭快一年了，我發現三年級的孩子實在有趣，心思單純的他們，時常腦袋裡有什麼想法就會脫口而出。有些童言童語不禁讓人捧腹大笑；但是也有些孩子滿腦袋的負面想法，經常習慣性說出不在乎、不以為然、甚至是傷人的反話，讓人十分訝異。

還有些孩子，只要別人不小心撞到他，就會和人發生爭吵、推擠，認為別人在故意挑釁；批改他們的聯絡簿短文時，也常發現有些孩子成天和爸媽嘔氣，與平時在班上的乖順形象判若兩人。

這問題源自於孩子們在面對事情當下，無法冷靜思考事件的前因後果，而習慣用情緒來面對生活中的大小事。我希望我的班級，能營造出和諧相處、彼此互助的氛圍；我也希望我教出來的孩子，能對他人有更多的包容心，能用更正面的思維來觀看這世界。

於是想了又想，設計了這張「心想好意」學習單（詳見二八〇頁），在學習單的開頭，我寫下這段文字：「『口說好話，心想好意，身行好事！』每天密切的與人接觸，我們是不是能保持一顆穩定的心，一直朝著別人的優點看去呢？

一直覺得大家和同學之間的相處，總是用負面情緒在相處，而缺乏較柔軟的包容心。這個星期是『心想好意週』，請找出自己今天一個負面念頭，學習一下如何轉念，用比較正面而積極的態度，來調整我們的想法與做法吧！」

學習單剛發下時，孩子們個個臉上充滿好奇的表情。還有孩子大叫：「什麼？為什麼要寫學習單？」

我說：「這是要協助大家用智慧來觀看自己的生活，要大家寫的其實很簡單，不用多，只要每天寫一行就行了。請你在今天找出一件正在發生的事情，你的心裡原本有一些負面想法，但是你隨即用正面想法來觀看它。如果可以，也請把落實後的感想與心情記錄下來吧！」

「心想好意」學習單

「口說好話，心想好意，身行好事！」每天密切的與人接觸，我們是不是能保持一顆穩定的心，一直朝著別人的優點看去呢？

一直覺得大家和同學之間的相處，總是用負面情緒在相處，而缺乏較柔軟的包容心。這個星期是「心想好意週」，請找出自己今天一個負面念頭，學習一下如何轉念，用比較正面而積極的態度，來調整我們的想法與做法吧！

日期	原本的 負面想法	換個角度後的 正面想法	落實想法後的 感想與心情	家長 簽名

班級：＿＿＿＿＿＿ 座號：＿＿＿＿＿＿ 姓名：＿＿＿＿＿＿＿＿＿＿

試著用正面角度看事情

於是，我們開始練起了「轉念」功夫。這張學習單每天寫一小行，要寫上一個星期，同一張學習單我也要連續批改五次。其實我也想知道，孩子會有多大的參與度？而這張學習單又能夠發揮多大的效用？

第一天的學習單收回來，孩子們其實寫得不錯。從很負面的情緒裡，都能夠找到比較正面的發想與包容。小哲就寫下：「今天上安親班時，同學叫我不要玩，我正想要罵他時，想到老ㄙㄨ說的話，我馬上閉嘴……我應該跟同學說聲『謝謝』，因為他是在提醒我們，不是在罵我。」而小均則是說：「我的功課沒寫完，今天早上老師叫我補寫功課，我覺得很煩，很想要讓這一樣功課消失在我眼前……但是這功課本來就是我應該要做的事，我不應該覺得煩，反而要覺得自責……最後，我還是有把那樣功課寫完，而且老師也沒有罵我。我真的要好好反省一下了！」

這孩子很努力描寫著心裡當下轉念的心路歷程，從心煩的情緒一路轉變成自責不已，為此小均媽媽在學習單後頭寫了一個「Good」字，也在班級臉書社團中分享她觀看學習單後的感想：「昨天，看到孩子寫的學習單內容，覺得很感動。」

不過也有個性比較衝動的孩子，輕描淡寫訴說他如何避免掉一場家庭風暴。小剛說：「今天媽媽看完我的英文作業簿，用丟的還給我，我很想罵髒話……後來因為這句話是髒話，說出來後又要被罰寫，所以我就改說『謝謝』……還好我沒有說出來，我覺得很開心。」

天啊天啊！這麼直白的寫出來，會不會又惹來更大一場家庭風暴啊？我偷偷把小剛叫來問，小剛不好意思的笑了笑，說他後來有被爸爸叫去「好好的約談一番」。

其實我不得不佩服這孩子的直率與單純。某種程度上我覺得寫出來是件好事，這樣我們才有機會接觸到孩子內心世界，明白孩子有哪些急需我們引導的層面。就像我在班級臉書社團裡與家長們分享的內容：「希望他們能培養正面思考的習慣，懂得轉換角度來思考事情的深層含意。在班上我會藉由朗誦與觀摩，分享好的轉念範例。也請各位爸媽們能藉此多和孩子聊聊，延續並放大這張學習單的效果！」

我會在優秀的學習單上，寫下「可唸」兩字，讓他們上台和同學們分享學習單內容。雖然他們上台時有些小害羞，但是唸完自己的學習單後，個個眉頭上揚、臉上一派神氣表情。我也會發給每人一張小獎卡，鼓勵他們持續把這轉念的功夫練熟。

不過這朗誦的過程中，無意中提及的名字可能會引來當事人的不悅，小悠聽完就在台下緊握拳頭，做出生氣的表情。但有趣的是，隔天小悠卻在學習單中寫下這段有智慧的話語：「今天同學上來唸的時候，有提到我的事情，我很不開心……不過同學說我要再改進是對的，這樣才能提醒我……謝謝他在唸的時候有唸到我，謝謝他提醒我。」

不管是台上朗誦學習單的孩子，或是在台下聆聽的孩子，這兩位孩子都值得我們

消防栓
HYDRANT

大大鼓勵一番。因為他們能跳脫當下的情緒，用較正向的思維來觀看當下，這才是啟動心境蛻變的關鍵。

不壓抑情緒，而是用智慧取代

這段時間內，恰巧發生了一個小插曲。小薇說：「今天有一位同學一直弄我，我原本想還手……但是我覺得她應該是在跟我玩，而且弄回去沒有好處，所以我就忍了下來……我也開心可以忍下來，希望下次她不要用弄我的方式來跟我玩。」

於是我把小薇找來，和她聊一聊人際關係這個大議題，試著和她釐清「強忍」與「解決問題」的差異。我說：「老師不是希望你們把不好的感覺『強忍』下來，而是應該要用智慧來『改善』這個狀況。別人做出像這類讓你不舒服的事情時，你覺得除了忍耐之外，還能夠怎麼做呢？」

小薇想了一下，說：「可以跟老師說。」

「對，跟老師說，是一個有效改善現況的好方法，老師一定會幫你好好解決這個問題。但除了這個方法，還有沒有？」

「我應該跟她好好說清楚自己的想法。」

我稱讚的說：「對，這才是老師要教大家的重點。事情發生了，不是只是在那邊生氣、或是強忍住自己的情緒，而是先跳脫出來，想看看這事情是怎麼一回事，想看看能用什麼方式來改善這樣的現況。」

同樣描述和同學之間的紛爭，小陸就做得不錯，小陸說：「今天中午有人打我，我很生氣的想要打回去……但是我總覺得他不是故意的，因為他很認真的在做事情……因此我去跟他說：『不好意思，你打到我了哦！』他就立刻說：『對不起！』」

學習單批改到第四天，發現很多孩子是以「事後的反省」取代「當下的轉念」。小霈說：「今天在上才藝課之前，媽媽和我說：『趕快寫作業，你上完課都九點了。』我愈聽愈煩，所以我不理她，想做自己的事……但媽媽說的沒有錯，而且她也是為了我好，為什麼我會這樣呢？這叫做『任性』，因為我任性覺得自己是好的選擇，所以會令人生氣，而且害自己很不悅……在這件事情中，我發現我很任性，所發生的事都很不好，所以要努力的改掉這點『任性』。」

孩子把事情經過、態度的轉變，誠誠懇懇的反省了一遍。能面對自己的過錯、找出態度上的問題，小小年紀有這番功夫真是難得。

但是，我更希望的是孩子們在事情發生的當下，能有立即性的轉念。在當下察覺到自己的心理狀態與想法，就有機會扭轉不一樣的結局。

於是，小霈在第五天的學習單中，寫下這段文字：「今天晚上回家後，媽媽請我幫她按摩，但我因為今天受傷心情不開心，所以心裡不想幫忙媽媽按摩……後來我想了一下，媽媽今天幫我很多忙，她真的很累，所以我還是幫媽媽按摩……後來媽媽一直說我有多乖、有多好，所以我和媽媽都笑到哭出來，我真的很開心！」

每天批改這些學習單，說真的，可以感受到孩子們進步不少，而這轉念的技巧也愈加純熟。但是在字裡行間，仍然可以感受到孩子們經常因一些小事就生氣：早上被叫起床時、買東西不給買時、一邊寫功課一邊看電視被禁止時……孩子們往往以「生氣」做為表達想法的出口，不自覺的在第一時間內就反應出來。

我們大人應該要做的，是察覺孩子在生活中的樣貌、找出他們的思考模式、協助他們打破以情緒處理事情的習慣。「心想好意」的轉念訓練，只是一種心性調整的策略。讓孩子學習較柔軟的包容心、去同理別人，這也是幫自己解決當下的問題、善待自己的最好方式！●

Idea Box 27

教學小錦囊

3方向，有助正向思考

方向1

察覺孩子在生活中的樣貌、找出他們的思考模式、協助他們打破以情緒處理事情的習慣

方向2

可透過「心想好意」的轉念訓練來調整心性

方向3

藉由朗誦與觀摩，分享好的轉念範例

老師篇

玩集點，帶動內在榮譽心

有榮譽心，就會對自我行為有高標準；
對團體有榮譽感，
就能學習與人合作、共享成長感動。
想要啟動孩子願意蛻變的決心，
不妨從激勵孩子內在的榮譽心開始吧！

有老師在部落格裡發問：「究竟要如何建立班上的榮譽制度？當我發給學生獎卡時，他們總是一副興趣缺缺的模樣……」

另外一位老師也問到：「我在班上讓學生集獎章來換禮物，但是現在發現，這些禮物對孩子愈來愈沒吸引力，他們只想要更有吸引力的東西，因此我也花了好多錢在購買禮物上……」

這兩個問題合起來看很有趣，老師們都覺得建立榮譽制度很重要，但是如何引導值得我們深思。其實應該說，集點活動人人愛，連大人們都瘋狂愛上名店ＶＩＰ卡或便利商店貼紙的集點熱潮。所以，只要引導得當，學生也會在情境中不自覺被帶動，認真配合著班級裡各種的制度與規範。

不過需要我們格外留意的是，別在這過程中傷害了孩子內心原先就保有的高貴榮譽心。過度的外在物質獎勵，容易讓孩子將「表現好」等同於「換取獎勵」，自發性反而消失了。我們該做的是引導他們設立較高層次的目標，並用趣味化與成就感的方式，激勵他們持續追求個人榮譽感。

前幾天班上發生一件爆笑的神祕箱抽獎事件，剛好可以做為班級榮譽制度實施的例子。

集獎卡換神祕箱抽獎

班上孩子們對這次的抽獎活動已經期待了好久，常會有孩子默默的飄到我身邊，眼神哀怨的說：「老師，什麼時候要抽獎啊？」

所以我特地挑了個黃道吉日，來讓孩子們開心一下。我抱了兩箱的獎品走上講台，台下的孩子們驚呼說：「老師，你的獎品好多哦！」

我邊走向講台邊笑著說：「對啊，我可是非常認真在當你們的老師呢！」順便，再補上一句：「那麼，你們呢？有沒有很認真的在當學生？」台下倒是有不少孩子回應著：「有，我有！」那些眼神閃亮亮的、十分堅定的望向我。

這個「集榮譽卡抽神祕箱」活動，可是結合「班上榮譽制度」以及「學校榮譽獎章制度」的高科技產物。自從推出以來，班上孩子們每天都窩在教室後頭公布欄前，眼巴巴望著神祕箱的獎品清單。

要抽一次獎其實不難，只要努力蒐集老師每天發出的小獎卡，累積十張，我就會幫他們在學校榮譽卡上簽名一次；而集滿六格老師的簽名，就能來兌獎一次玩抽獎。換句話說，要抽一次獎，就得累積六十張老師的小獎卡，的確得努力一小段時間。

我們學校本身就有一套榮譽制度：一張榮譽卡蓋滿三十格，就可以換一張榮譽獎狀；再用五張榮譽獎狀，逐層換到銀質獎章與金質獎章。而我做的，就是將班上的小獎卡整合到學校的榮譽卡上，再協助他們努力爭取學校裡的最高榮譽。

我說：「今天有好幾位要抽獎的同學，請這些同學到前頭來，也請大家給他們掌聲鼓勵一下吧！」

符合資格的孩子，心跳加速、怯生生的走向台前。他們一臉又期待又怕受傷害的神情，因為他們早已鎖定好最心愛的獎項，但又怕抽到傳說中超惡夢的大獎。

又驚又喜又爆笑的抽獎清單

第一位孩子緊張的在抽獎袋裡撈了老半天，終於抽出了第一張號碼單。「恭喜

你抽中十五號！十五號到底是什麼大獎？太令人緊張了，我們請中獎者唸出獎項是……」

「全班對你說『你好棒』三次！」

「天啊？這麼難抽到的大獎也被你抽到了？讓全班同學一起讚美你『你好棒』三次，這實在是太難得的機會了。好，我們一起來讚美小歆吧！」

全班大聲向小歆喊著：「小歆，你好棒！小歆，你好棒！小歆，你好棒！」小歆臉上頓時有快要飛上天的表情。而我從神祕抽獎箱裡，送給她一個很實用的文具——立可帶，獎勵她平時表現熱心又盡責。

第二位抽獎者小華上台了，全班此時正整齊的高喊著：「十七號、十七號！」聲勢驚人，幾乎快把屋頂掀了。神祕的「十七號獎品」究竟是什麼呢？哇哈哈，它其實是孩子們最不想拿到的「老師簽名照一張」啦！不過幸運神降臨的小華，毫不遲疑的抽中一個超卡哇伊的「兔子造型立可帶」，全班為她開心的鼓掌著。

接著是長得超有喜感的小昱，果然一出手，就抽出一張超有喜感的籤。全班孩子全都笑得東倒西歪的，因為他剛好抽中上頭寫著「銘謝惠顧」的籤。

「好爛的獎哦，太爆笑了吧？」底下孩子們一邊狂笑、一邊又竊竊私語著。小昱則是一臉無語問蒼天的表情：「老師，為什麼這箱子裡有『銘謝惠顧』啊？」

「哦，那是抽獎前我才製作好放進去的籤，你很幸運，因為整個箱子裡只有這麼一張哦！」我神色自若的說著。

小昱的臉上也出現了快飛上天的神情。不過，老師是如此善良體貼又博愛的人，怎麼能讓乖巧孩子的心靈受到創傷呢？所以就立馬請小昱繼續抽了第二次獎。

「天啊，天啊，是二號，二號究竟是什麼？我們請小昱來唸一下。」

「全班送一個大飛吻給你……」

「哇，你怎麼每次都抽中這麼厲害的籤？全班每個人送大飛吻給你，會不會太有人緣了？你準備好接住它們了嗎？好，現在大家一起來送小昱一個大飛吻吧！」

「嗯~啊！」大大的飛吻聲此起彼落，從教室的每個角落送出，小昱幾乎快被熱情的飛吻給淹沒了。不過，善良體貼又博愛的老師，還是從神祕箱裡面拿出了書商送的教具——長鐵尺，送給小昱，讓愛畫畫的他有大展長才的好工具。

最後，這一批得獎者開心的和神祕獎品們合影。在其他孩子的驚嘆聲中，也為下一次的「集榮譽卡抽神祕箱」活動，營造出好歡樂的期待氣氛！

其實這個神祕抽獎箱裡的獎品，來自四面八方。有孩子們特別需要的小文具；也有書商送的精美教具；也有我從旅行之中，帶回極具紀念意義的小禮物。不過很奇妙的是，第一名的神祕大獎，往往在第一時間就會被抽走。上一回的「超級數學大白板」就被第一位抽獎者給抽走；老師特地為他們帶回的「羊咩咩紀念鑰匙圈」，也在隔天被帶走，讓其他孩子搖頭嘆息不已。

有朋友問到：「要一次集滿六十張卡，會不會門檻太高了？」

其實不會。在班上，只要孩子們當天有不錯的表現，我都會大方的發送榮譽小卡。凡是認真打掃、盡責抬餐桶、熱心公益、主動撿拾垃圾……不管是常態性的活動，或是偶發性的善行，只要任何一件值得鼓勵的小事，就會獲得一張榮譽小卡。而每十張小卡換一格簽名的用意，是為了讓榮譽小卡能有效回收；同時每當換了一格，孩子臉上就更多了一份期待的神情。

頒發榮譽小卡時，我也會和全班分享這位同學值得大家學習的優點，在熱烈的掌聲中，孩子才會走向前來接過這張榮譽小卡。這種來自同儕、老師的鼓勵，比起其他外在的昂貴禮物，都還要令人感到有成就感。

一起來抽抽樂！

來吧，試試你的手氣吧！

1 老師手作愛心土司一顆
2 全班送一個大飛吻給你
3 爆笑A獎品一份
4 精美可愛造型牙刷組
5 疊疊樂積木組一個
6 太陽能療癒玩具
7 高級四用數位鬧鐘
8 可愛熊熊水壺一個
9 電子計步器一個
10 抽屜整理盒一個
11 萬用卡片一盒
12 高級金莎巧克力一份
13 高級指甲剪一枝
14 可上網任意選購一本好書
15 全班對你說「你好棒」三次
16 環保白板筆、補充液一組
17 榮獲老師簽名照一張
18 2016行事曆一本
19 精美牙刷組一組
20 高級指甲剪一枝
21 全班對你「愛的鼓勵」三次
22 爆笑B獎品一份
23 超級好用立可帶一個
24 高級四色便利貼一組
25 可愛熊熊造型量尺一個
26 精美相框一個

以團體帶動個人榮譽的追求

此外，透過小組或班級的團體力量，也是一種有效帶動個人榮譽感的方式。

孩子們從一早踏進教室開始，便以小組形式來進行競賽：收作業、抄聯絡簿、打掃、刷牙、維持午休秩序；或者是上課的發表、討論、實作、準備器材……只要小組有準時完成，都可以為小組加分。每週的競賽結果，能為每一位組員奪得數張的榮譽小卡。

當整個小組充滿著鬥志、整個班級都充滿著團結精神時，再沒有動力的孩子，也會跟著動起來。

我很希望能營造出一個比較容易可達到標準的學習環境，讓孩子們將「做好事」、「把事情做好」變成一種生活習慣，進而內化成一種自我尊重的美德展現。內心裡有榮譽心，就會對自我行為有高標準；對團體有榮譽感，就能學習與人合作、共享成長感動。想要啟動孩子願意蛻變的決心，不妨從激勵孩子內在的榮譽心開始做起吧！

每得到一張獎卡，孩子們總會開心好一陣子，因為那是對他們的用心所給與的最大肯定！●

Idea Box 28

教學小錦囊
3撇步，激發榮譽心

撇步1

真誠讚美與集點樂趣，會帶動孩子的榮譽感，持續展現更美好的行為。

撇步2

讓孩子將「做好事」、「把事情做好」變成生活習慣，進而內化成一種自我尊重的美德展現。

撇步3

適時給予獎勵，尤其來自同儕、老師的鼓勵，比外在的昂貴禮物都還要珍貴。

家長篇

給小姪子的10個期待

品格教育不在硬塞知識，
更要著重生活的體驗，
進而形塑習慣的養成與信念的深埋。
培養正確的心態，
長久下來會成為一種生活習慣。

週末假期回到雲林老家走走，很有興致的翻了翻小姪子的聯絡簿，不翻還好，一翻開就忍不住心裡直嘀咕：「怎麼這字跡這麼潦草？字都沒用心寫……日記怎麼幾句話就交待完畢了？咦？數學作業竟然沒交，被寫紅字？而且這頁有、這頁也有，被連續寫了好多天。」

四年級的小姪子，其實是一位心地柔軟、頭腦靈活的孩子，只是，總是會把玩的排序擺在最前頭。他站在我身旁扁著嘴，心裡想肯定又要被唸一頓了。

我用很認真的眼神看著小姪子，也請他要以堅定的眼神迎向我。我說：「字寫得好不好，代表的是一種態度，可以看得出來當下是認真、負責，還是應付、無所謂。叔叔不喜歡你在聯絡簿裡頭的學習態度。能做好的事，不可以用不在乎的態度去應付。」

小姪子點點頭，我接著說：「重點是，讀書的心態，長久下來會成為一種生活習慣。現在你字好好寫，雖然寫得慢，但是時間久了，就算寫快也會很漂亮；但是如果你現在字都寫得很快、寫得很潦草，長大後就算想慢慢寫，字也漂亮不起來。」

看他兩眼低垂，不發一語，於是我反問他我說什麼。沒想到這小子還挺聰明的，把我說的話，一字不漏的說了出來。

我開心的拍著他的肩膀，說：「你很聰明耶，馬上可以把聽到的話消化後重新說出來。嗯，聰明，就該用在正途上，發揮你自己的智慧與能力，讓老師和家人都感受到你的優秀，好嗎？」

小姪子不好意思的笑了笑，隨後我也和他討論如何在老師心中變優秀的小祕招。但在這些對話內容中，其實我想傳達給小姪子的，是對他更深層的期盼。

於是，我寫下這篇文章，送給小姪子，也送給許多迷失方向的孩子。

1. 讀書跟玩都認真的人最酷

要把「認真讀書」和「玩」這兩件事情，同時擺放在第一順位。最厲害的人，就是又能盡情的玩、又能把書讀好，這會讓別人佩服得不得了！

對於你們而言，「玩」是一件很重要的事，但是「認真讀書」這件事也很重要。在讀書之餘可以盡情玩耍，在玩的過程仍然不忘學習，這樣才是最精采的人生！讀書並不是為了爸媽或老師，讀書是讓我們自己擁有更多的機會，去接觸不同層面的人事物；也是讓我們在接觸到更高深的學問後，用比較高的視野來為自己找到人生的解答。只不過，把每天的功課寫完，並不等於認真讀書。學習需要花很多的時間投注，急不得的，這樣它才能在頭腦裡，開出美麗的連結、結出飽滿的智慧。

2. 不怕麻煩的人能學到最多

課本內的知識固然重要，但課本外的學習一樣重要。要去體驗生活中的每件事情，什麼事都要不嫌麻煩的去做

看看。

我教過凡事要求第一、考試要求滿分的學生。然而他眼裡只看到自己，很多待人處世的道理都不懂，因此身邊的人與他相處常感到痛苦不堪。

未來的世界裡，可能有六〇％的工作是目前我們所想像不到的。我們當然要把書讀好、讀懂，但是我們也需要把課本內的知識，整合成能發揮在生活中的能力。

爸爸媽媽、老師們交待的每件事，都要不嫌麻煩的去完成它；有獨當一面處理事情的機會時，也要鼓起勇氣去挑戰。這樣才能打開頭腦的理解能力，拼湊出這世界的完整面貌。

3. 不沉溺的人容易找到志向

有些人一天多花一個小時閱讀、算數學；也有人一天多花一個小時看電視、玩電動。二十年的累積下來，就會是很大的人生差距。

其實一直很擔心你們，會不會看了太多的電視、玩了太久的電動玩具？不瞞你說，小時候的我，也有一陣子沉迷電動玩具，那勇猛過關的虛榮感，令人飄飄然的飛上天。但是有一天，我突然明白了「玩物喪志」這個道理，我開始思考：我是不是花了太多時間在喜歡某種東西上，導致我完全忘了生命中還有更重要的事？

偶爾看個電視、玩一會兒電玩，放鬆一下心情並無大礙。但是，若讓自己整天精神無法集中、睡不飽，也無心讀書，那就不好了。別讓這個年紀原本該有的遠大志向，都被電視與電玩占據了。會讓你沉溺於其中而無法自拔的習慣，就應該要節制，甚至於遠離。

4. 有禮貌的人會得到幫助

禮貌，不單單是尊重他人的行為，更是尊重自己的表現。因為你是這樣一位謙恭有禮的可愛孩子。

一個懂禮貌的孩子，其實是很幸福的。因為未來他在就學或找工作時，別人總會對他的好禮貌印象深刻；當然也願意在適當時機中，給予他更多的機會。說真的，沒有上司會想把工作機會給一個整天擺臭臉的人。

「禮多人不怪」，所以把「請」和「謝謝」隨時掛在嘴邊吧！因為眼前的這個人，正在對你真誠的付出。就算對他們說個十遍、二十遍「謝謝」，也不足以表達我們內心的感謝。

5. 聽內在聲音的人有智慧

其實你的內在是有智慧的，要傾聽自己內在的聲音；要有力量去實踐覺得最正確的選擇。

看過很多學生犯錯，總是感到很惋惜，他們的心裡都知道什麼是該做的、什麼又是不能做的事情，但偏偏他們刻意忽略「內心正在提醒自己不可以做」的聲音，把玩樂看成最重要的事，以至於最後惹禍上身。

但是孩子啊，全世界沒有人想找你麻煩，找你麻煩的是你自己思想上的壞習慣。只要在即將犯錯前，先傾聽自己內心智慧的提醒，就能避免很多的禍事發生，每天日子都會過得開心極了！

6. 能承認錯誤的人很勇敢

犯了錯別急著撇清關係，那只會把小事變成大事罷了。大人們最在乎的，其實是你面對錯事時的態度。

能夠真誠面對自己的錯誤，是一種大勇氣，這種態度會讓人激賞，因為連很多大人都不見得做得到；但是犯錯之後，若仍然是一副「都是別人的錯」，急著避重就輕，就會令人不禁搖頭嘆息。

你們的年紀還小，犯錯難免，大人們也會以很大的包容來面對你的過錯。做錯事只要誠懇的道歉、真誠的彌補，相信大家都會對你的認錯勇氣引以為榮。

7. 會分辨快樂的人易滿足

人生中有「假快樂」和「真快樂」的區分。假快樂是來自於他人、物質上、短暫的，愈感到快樂，過後就會愈空虛；然而真快樂，卻是一種內在深深的滿足感。

我有一個學生，總是被那些校外中輟生吸引，成天在校外遊盪不愛來學校。他身邊總有一群他自認為最好的朋友，他做人海派、花錢揮霍。他沉浸在友情至上的快樂裡，但是某一天他們闖了大禍，身邊那些所謂的好朋友全都消失不見人影。這學生說：「我現在才明白，原來這些朋友不是真朋友，快樂也不是真的快樂。」

快樂真的有真、假之分。例如，幫助了某人、或靠自己完成了一件難度極高的事、或是看見了自己的成長……這種來自於內在深深的滿足感，才是真正的快樂。會讓人心頭暖暖的，日後回想起來，臉上仍是微笑的感動。

8. 控制情緒的人能解決問題

這年紀的你們，最需要的就是控制自己的脾氣。別讓我們的情緒像野火一樣狂燒。我們要學會用智慧去解決問題，而不是用情緒去解決問題。

有時候我們會因為別人的言語而生氣，也會對別人的挑釁而憤怒。只要是人都會有情緒，會生氣是難免的。但是我們要記得，絕對不可以做出傷害別人、或是傷害自己的事情。

我們生氣的當下，該怎麼控制我們的情緒呢？

先離開現場，整頓自己的心情，再想看看如何解決當下的問題。或是不繼續想下去，就不會怒火中燒、停不下來。或是大笑吧！笑，能帶動神經、分泌體內激素，笑久了，笑容就會成真了。

9. 懂感激的人才是真優秀

如果你擁有比別人更優秀的潛能，例如優異的學習能力，那都是上天賜給你很棒的禮物。要心存感謝、不驕傲，自我期許有一天能夠為這社會發揮一己的長才。

看過很多很優秀的學生，他們擁有出色的外貌、多樣的才華、光鮮亮麗的表現，但總是自視甚高、甚至會去排擠他人。

我們實在沒有必要覺得自己比別人還優秀，這世界上厲害的人還很多，被排擠的人也有其獨特、值得我們學習的長處。

我們要常常用感恩的心情，回過來看我們身上所擁有

的一切，因為它可能來自於我們父母的給與、老師的教導，以及身旁所有人的協助。從內心生出感恩的心，化為關懷的實踐行動，這樣才稱得上是真正的優秀。

10. 不抱怨環境的人最自由

苦一點的生活，能培養堅強的心志、簡樸的生活習慣，與感恩惜福的心。停止抱怨，要好好珍惜上天給我們這麼棒的體驗課程！

我教過好多位好孩子，他們都出生於窮困的家庭。但是他們和善待人、謙虛有禮、勤快懂事，讓人覺得能教導他們真是一件很幸福的事情。這些好的特質，往往都是從苦日子裡磨鍊出來的。

我們的家境並不富裕、也不困苦，但是很希望你能用「吃苦當做吃補」的心情，來面對你往後的人生。即使未來身處挫折逆境卻不抱怨，也不刻意追求虛華的物質生活環境，這樣才能讓一輩子都過得自在，心境常保海闊天空！

Idea Box 29

貼心小叮嚀

10個期待，引領人生方向

期待1　讀書跟玩都認真的人最酷

期待2　不怕麻煩的人能學到最多

期待3　不沉溺的人容易找到志向

期待4　有禮貌的人會得到幫助

期待5　聽內在聲音的人有智慧

期待6　能承認錯誤的人很勇敢

期待7　會分辨快樂的人易滿足

期待8　控制情緒的人能解決問題

期待9　懂感激的人才是真優秀

期待10　不抱怨環境的人最自由

chapter 10

Future Class
In Session!

祕傳親師教戰力

美國哈佛大學個人機會中心主席陶德．羅斯（Todd L. Rose）主張：我們應該關心孩子「怎麼學」而不是「學什麼」。現在美國許多學校在推動教育改革時，會特別提供不同的學習脈絡，他們改變師生關係，讓老師變得更像帶領者，和家庭及學生建立有意義的交流。學生在這樣的脈絡中覺得被理解和支持，將會有更傑出的表現。

老師篇

快樂班級的一日課表

我一直堅信：快樂，能讓孩子們想法變得正向，學習變得積極；快樂，能讓孩子們釋放壓力，並且改善與他人的關係。而孩子們的笑聲，也能讓老師充滿活力，教學更有效率、更加精緻化。

前些時候，我在網路上舉辦了一個有趣的「甜美笑容票選大賽」。原因是上課時，班上孩子們像是較勁似的，個個面帶甜美笑容、眼神專注的望著我，我幾乎快被台下的燦爛笑容給閃瞎了。

所以我拍下這朵朵綻放的笑容，邀請爸爸媽媽們一同來票選。覺得哪一小組的笑容最甜美，就在那張照片按個讚，也可以在底下留言，是被哪位孩子虜獲了芳心。

笑容票選引發高中教師反思

孩子們展現史上無敵甜美的笑容，讓許多爸媽高呼著「已融化」和「每個笑容都好可愛，實在太難選擇了。」而這一幕美麗的教室風景，也在我的臉書上，意外的引發轉貼與分享。

特別的是，一位在明星高中裡擔任教職的朋友，在臉書上寫下這段話

近來有感而發，看到老ㄙㄨ能夠把「微笑」帶回教室中，並由微笑開啓課程。學生們露出渴望學習及善良的眼神，著實令人羨慕！

高中學生在歷經大風大浪以後，要能在每堂課保持微笑實爲困難。但希望我自己也能做得到……

短短的這段文字，十分發人深省，道盡了教室裡的複雜與矛盾。

每一位孩子的天性，是如此活潑及開朗。然而，當他們走進為他們量身打造的教育體制後，為何失去了微笑的勇氣與習慣？也許我們可以歸因於沉重的升學壓力；或是枯燥的上課內容與作業，讓他們失去熱情；也許是青春期對友情、對愛情產生了困惑；也或是逃避不了父母、師長過度的期望與責難……

但是，我們的教育，不正是想讓孩子能身心健全的成長、充滿熱情的去追尋他們自己的天賦？

那麼我們還能為他們做些什麼？能否為他們創造出，充滿歡笑聲的學習氛圍呢？

讓校園充滿歡笑的一日課表

在我的班上，「快樂」是一個很重要的元素。我一直堅信：快樂，能讓孩子們想法變得正向，學習變得積極；快樂，能讓孩子們釋放壓力，並且改善與他人的關係。而孩子們的笑聲，也能讓老師充滿活力，教學更有效率、更加精緻化。

在班上，我會盡力將各個科目教得精采又有趣，同時也會運用一些小策略，維持孩子們一整天的活力以及歡笑聲，以下是我常用的五種方法：

1. 升旗後的大地遊戲

一早升旗時，孩子們總會站得精神抖擻，因為他們知道，待會老師會誇獎他們在升旗時的表現。並且有機會在升旗後，在操場上玩一大堆讓人心跳快速、尖叫連連的大地遊戲。我喜歡在升旗後，帶著孩子們玩些運動量大的遊戲。讓他們在玩遊戲中奔跑、跳躍，有助於身體的新陳代謝，並能夠提升血液含氧量，回教室後頭腦會更清楚，學習也會更有效率。

例如這個我自己很愛的「龍首抓龍尾」遊戲，兼具鬥智與體能訓練的效果。以四到五人分為一組，類似老鷹抓小雞的玩法，最前面稱為「龍首」，最後一位組員稱為「龍尾」。「龍尾」的腰上，插入男生帽子的硬質部分，露出軟質部分；其餘組員用雙手抱著前面人的腰。在整條龍不斷掉的情形下，看哪一組的「龍首」抓到別組「龍尾」的帽子最多，哪條龍就獲勝了。

笑聲能帶來滿滿的勇氣，讓孩子較無恐懼的面對學習挑戰。
不管哪個階段的孩子，都需要這些能量來滋養心靈，
才能演進成一種正向看待生命的價值觀與態度。

每一回看到孩子們拔腿狂追、或是驚慌失措的逃命畫面，就忍不住在一旁笑彎了腰。尤其是兩組對峙、不斷繞圈圈的過程，簡直就是諜對諜的心理戰！

有一回，兩組男生說好要合力圍攻某一個女生組，正當這兩組男生同時緩緩前進、惹得前方女生組尖叫連連時，其中一組男生突然趁機抽走另一組男生的帽子。這過程真是太爾虞我詐了，當場讓老師笑到不支倒地。

雖然孩子們跑得上氣不接下氣、汗流浹背，但他們臉上的燦爛笑容正閃耀著，也展開了這一天在學校裡的美好學習行程。

2. 上課前的講笑話時間

回到教室後，我才剛踏上講台，台下孩子們就紛紛舉手大喊：「老師，我有事情要提醒。」

原來他們是想要提醒老師，全班最期待的「講笑話時間」該上場了。我們班上除了每天有負責協助班上事務的值日生外，還有另一種職務特殊的「笑話值日生」，每天兩位輪流上場，主要任務就是講笑話給全班聽。

「講笑話」這個能力，實在是太重要了。因為需要充分掌握聽笑話者的情緒，才能營造出捧腹大笑的效果。懂得別人聆聽時的心境，才會懂得如何與人應對進退。同時，講笑話可以緩和現場情緒，對日後在人際關係能力培養上也多有幫助。對班級而言，講笑話也是一種生活氣氛的調劑品，孩子們都愛死了每天講笑話的活動。

有時候他們講的笑話實在是太難笑了，於是總要老身我親自出馬，示範語調該如何抑揚頓挫、要如何製造懸疑感、以及最後如何亮出令人發噱的底牌。在全班笑倒成一片的同時，老師也不小心成為了全班心目中的偶像。

一位朋友向我分享，他也是用這樣的方法帶班，每天都讓學生輪流上台講笑話。兩年後，一位家長感激的對他說：「謝謝老師用這麼有趣的方式，訓練孩子上台表達的能力。我的孩子現在上台說話，都能表現得落落大方，真是多虧了老師的好方法！」

3. 課堂中的熱門歌曲大會串

有時候，我們會拿出我們班上的專屬歌單，教唱那些有感情、有畫面的老歌曲，唱完一張歌單再換另一張。例如：先教唱曲調溫馨的〈星夜呢喃〉，唱完後再教一首嗨翻天的〈殺雞歌〉，最後再把這兩首歌串在一起唱時，就會成為一首又笑又淚的班級代表歌曲。前兩天，在網路上碰巧遇見十多年沒見面的小佑，現已大學畢業的他說：「老師，您還記得這首歌嗎？」

小佑傳來王菲的〈但願人長久〉歌曲連結，他說：「每回聽到這詞，心裡還是很感慨，總會回想起國小時老師您曾經教唱過這首歌。這詞，寫得真是好！」

看著這些傳來的訊息，那段塵封回憶被喚醒。我還記得，為了讓他們更記住蘇軾的〈水調歌頭〉，我們每天播著CD反覆唱著這首歌。那畫面裡，有著優美的旋律在流動著。很多孩子都說：「畢業後，一想起以前在班上唱的歌，都會好想哭。」這就是歌曲教唱的迷人之處。歌聲串聯著全班同學當下的情感，也在心中留下日後反覆回味的溫暖。

4. 課程後的活動照片大集錦

在課程進度超前時，我們會停下來稍微喘個氣，打開電腦裡的班級活動照片，一起回顧過去這段時間裡發生的新鮮事。孩子們都很期待這樣的活動，因為可以看到許多平時看不到的漏網照片，而且還可以重溫當時的感動。我喜歡將活動照片放到最大，好讓每一張臉孔能被清楚看到。有時，我們會因突如其來的怪表情笑到快休克；有時，也會因很無厘頭的動作而笑到流淚。

每一回看完照片後，許多孩子總會留下既歡樂、又帶點感性的文字。孩子說：「今天老師讓我們看之前精采的活動照片，害我笑得東倒西歪的。我發現我今天一整天都一直在笑呢！英語課、中午、下午，回家後，感覺好像嘴巴變大了……謝謝這些點點滴滴的回憶，也讓我學會，要更珍惜現在和大家的相處時光。」

5. 放學前的拳王爭霸戰

一早就到校，孩子們在學校連續衝刺了七節課後，有些還要轉戰另一個戰場。很心疼他們這麼忙碌又單調的生活，真心希望我的學生離開學校時，能帶著愉快的心情，把學校視為一個明亮又充滿期待的地方。

因此在放學鐘聲響起前，我們已經整理好書包，摩拳擦掌的準備迎接放學前的遊戲時光。有時，我們會玩上一輪「一顆蘋果」，一顆一顆的人肉蘋果，在教室裡開心跳躍著；有時會是「終極密碼」，讓神祕的數字炸彈，把大家轟出一張張笑臉來；有時候，就由百玩不膩的「木頭人」華麗登場吧！孩子們一邊躡手躡腳、一邊又腳步緊張的移動到教室外，玩完遊戲後，路隊也排好了。

時間有些來不及，我們會把戰場拉到走廊上，來個「拳王爭霸戰」。先整隊好的路隊，可以優先和老師猜拳，猜贏的路隊就可以先回家；而猜輸的路隊，則須重新整隊，再派出另一位拳王出來應戰。遊戲雖然簡單，但碰上手氣太好的老師，戰況卻是格外的激烈！

猜輸的路隊，忙著一次又一次的整隊；而猜贏的路隊，也要有禮貌的向老師與同學道再見，否則又會被叫回來重新再整隊一次。因此，遊戲不但創造了歡樂的氣氛，同時也形塑了團體的秩序感與向心力。也為明天的快樂上學，帶來更多的期待！

也許，學習的過程中並不是那麼有趣，有許多的難題待解，有許多需要反覆精熟與強記背誦；甚至用心苦讀，卻與學習成績不成正比關係。然而，笑聲總能為心底帶來滿滿的勇氣，能讓孩子較無恐懼的面對學習挑戰。

不管哪個階段的孩子，都需要這些能量來滋養心靈，才能演進成一種正向看待生命的價值觀與態度。

我是如此珍惜孩子們臉上的笑容，也願意這麼一直守護著，這些迴盪在教室裡的歡笑聲！●

Idea Box 30

教學小錦囊

5方法，打造有笑聲班級

方法1

升旗後的大地遊戲

方法2

上課前的講笑話時間

方法3

課堂中的熱門歌曲大會串

方法4

課程後的活動照片大集錦

方法5

放學前的拳王爭霸戰

老師篇

親師溝通無障礙 經營社團有撇步

我喜歡運用資訊平台來管理班級，
因為班級經營會變得更有效率、
學生表現更有榮譽心；
同時，當班上事務更加透明而公開時，
也能贏得家長們的信任與尊重。

「老師和家長之間，究竟該不該彼此加臉書好友？」這是在許多教師社團裡很火紅的話題，也是我常被私訊問到的問題之一。

隨著智慧型手機的普及，臉書的使用也成為一種流行趨勢。在臉書使用上的確應十分謹慎，因為個人隱私在網路上過度曝光，有可能會被有心人士加以利用；同時在網路上過度情緒化且負面的言論，亦容易為自己招致禍端。

開立私密社團，主動把家長拉進來

但以我個人而言，我喜歡運用資訊平台來管理我的班級。從最早期的班級網站、班級部落格、一直到現在的臉書社團，在資訊平台的協助下，我感受到我的班級經營變得更有效率、學生表現更有榮譽心；同時，當班上事務更加透明而公開時，也能贏得家長們的信任與尊重。

在帶前一個班級時，我即運用臉書社團的功能，進行班級互動與親師溝通。在這樣的歷程中，我自己收穫很多，同時更感受到老師與全班家長之間緊密的向心力。

還記得剛開學不久，個性熱情的家長們在第一次見面後，就按下了「加為好友」的邀請鍵。當下我內心感到惶惶不安，腦海裡瞬間閃過許多國外「老師因為在臉書上的不當發言而丟了工作」的新聞片段。

我也不想較私人的訊息或照片，成為家長們和學生們茶餘飯後的話題。尤其是當我加了這位家長為好友，若沒加那位家長，會不會招來更多的誤解？

於是我左思右想，便為這班級成立一個名為「親師交流道」的封閉式臉書社團。與其被動的被加為好友，倒不如我主動的把有臉書的家長全拉進這個社團。

老師和家長之間不用先加為好友，老師可以直接透過輸入家長的電子郵件來邀請，家長也可以主動搜尋社團來加入，親師之間可保有個人的生活隱私。我後來還發現一個有趣的現象，不只老師擔心被家長加為好友，其實絕大多數家長也怕成為老師的臉友。

每天放學前，我會把當日的家庭作業項目上傳，好讓家長們即時掌握孩子的學習動態，也讓迷糊孩子有補抄家庭作業的機會。

以往的班級部落格或班級網站，上傳每日作業的效用不大，因為只能靠家長的被動點擊網站。不過現今智慧手機十分普及，當我按下發表鍵後，就瞬間傳至家長們的手機裡。有家長驚呼：「沒想到孩子還沒有回家，家長已經知道今日作業了？」

而另一位爸爸也說：「把功課項目放上來，真是不錯的方法。在我們家聯絡簿都是媽媽在看（因為爸爸比較晚下班），這樣的話，父母雙方都知道了小孩的功課，對小孩的作業方面也比較會有責任感。」

使用正向話語，凝聚親師共識

有不少家長在下面的回應欄感謝老師的用心，其實對於打字快的我而言，上傳當日家庭作業不過是舉手之勞，不過此舉卻引來家長們的熱烈討論，真是讓我始料未及。這樣一個小動作，也讓我感受到大多數家長們其實都很樂於參與孩子的學習。

我是用較正向的態度，來經營班上的臉書社團。在每日家庭作業項目的底下，會再加上一段溫馨的「每日老師小叮嚀」。例如提醒孩子提前準備物品：「天氣微涼，陰雨綿綿，請孩子還是要帶件薄外套在身邊，書包裡也放件輕便雨衣備用哦！」

或是一些觀念上的溝通：「發現最近班上缺交作業的人數開始變多了，連回條回收率也很不理想。孩子在忙碌的行程中開始失去了他們的耐心。請各位家長還要多加留意孩子每日的學習狀況。從我們這個親師社團的訊息流通中，去檢視孩子的細心與否，一起來穩定孩子的心。」

並藉由更軟性語調，來持續加強親師之間的聯繫與溝通。例如：「考試過後，你的孩子表現得如何呢？別急著責罵孩子考卷上的分數差，讓孩子學會對評量結果進行分析，表現好的孩子，請給自己鼓勵一番；表現不佳的孩子，也請試著努力找出原因來。讓我們一起找出孩子需要協助的地方，今天的短文題目，是很棒的親子對談工具哦！」

我發現這些正向叮嚀，反而能得到更多家長的共鳴。有家長表示：「今天接到孩子又忘了帶東西的電話，火山整個噴發，回家後也想清楚不再為這件事生氣。我真的要好好教會孩子對自己負責這件事情，忘了帶東西，他要自己去面對沒交齊功課的痛苦。」另一位家長則是附和的說：「是的，當女兒求援時，我只能雙手一攤的說：『下次加油啦！』」

從這些對話中，我們能欣賞到不同家庭的教養方式，從中得到釐清與成長，進而學習到該如何放手、讓孩子展現出為自我負責的決心。這些都在每天的親師對話中，慢慢凝聚成一種共識。

當全班家長能一同投注在班級事務中，
這是多麼強大的力量，更多弱勢的孩子得到了照顧，
更多行為較有狀況的孩子得到了包容與接納。

為每位孩子創造更多舞台，讓不論是優秀或弱勢的孩子，都有機會展現他們認真的學習成果，這一向是我帶班的信念。因此，每天我都會上傳孩子的優秀作品，把臉書社團當成一個孩子們展現自我、彼此分享、相互觀摩學習的平台。

上傳作業成果，促進學習分享

例如孩子們每日在聯絡簿裡的短文寫作、美勞藝術創作、學習單撰寫……一邊批改作業時，我就一邊用手機拍下孩子們的作品，再整批照片上傳到臉書社團，其實花不到五分鐘時間。

不過我會在這些作品旁邊，加注這些作品的優點，包括：文句的獨特性、修辭運用的巧妙、或是潛藏在其中的感人心意，藉由老師的注解與放大，讓其他孩子也能從觀摩別人的作品而得以深刻體會。

還記得在剛接這個班級時，我努力推動每日聯絡簿短文寫作活動，很多孩子寫得痛苦、爸媽在一旁也看得火

冒三丈。但透過「每日優秀好文」的欣賞後，家長們開始感受到孩子們在語文寫作上的進步；也在觀摩與分享好作品中，明白一篇好文章究竟需要哪些要素。同時更體會到：原來我的孩子有這麼獨特的想法？原來孩子的學習，需要大人們細心的引導，也需要更多耐心包容？

有家長就曾經寫下這樣的回應：「每天都能看到一群小天使寫下他們的善行短文，剎那間自己也感染了這股溫馨與純真，恍若回到身為小女孩的時光，真是謝謝老師！」

每隔幾天，我也會把班上學習活動照片、和學生個人照一同上傳。這樣的相片集，更引發家長們在底下的熱烈討論，除了對孩子照片瘋狂按讚外，也會蒐集自己孩子的學習照片、優秀作品，再轉貼到他們自己的臉書上。從轉貼的文字中，看得到滿是為人父母的驕傲。

即時溝通，避免累積情緒

對我而言，除了可省去每學期期末燒錄學生ＤＶＤ照片光碟的時間與成本外；更重要的是，我讓孩子們身處的教室變得透明而不再封閉，家長們能更加了解老師的教學用心，也能藉由網路的互動，走進教室裡陪伴著孩子一同學習。

當然臉書上也是會有擦槍走火的時候。有時某些家長會提出心裡疑慮，例如有些家長會詢問小考的次數與頻率、分數的計算方式、段考考卷的難易度……此時我會對家長們再詳加說明，其他家長也會在第一時間內，主動幫忙老師進行回覆。

其實我覺得這樣很好，有誤解時馬上進行意見交流，才是真正的溝通；而不是累積了一段時間的猜疑後，爆發出來的反而是一種傷害。

更多的時候，我會把管理權「讓」出來，給多才多藝的家長們也能發揮專長，一起來為全班的孩子盡一分心力。

例如班上的班親會組織裡有會長、活動組長、文書組長、出納組長等不同職務，活動組長會規劃班遊事宜與行前探路，出納組長進行活動收費與支出，文書組長則幫我們把每次行程詳細記錄下來。而多數家長都會主動上傳當日活動照片，有這麼多隨行攝影師，我實在樂得輕鬆。有時，家長們也會主動分享假日親子活動訊息或參賽訊息，「分享」也成為這個社團裡另一個重要的核心價值。

帶完這屆班級後，我深刻感受到當全班家長能一同投注在班級事務中，這是多麼強大的力量，也是多麼溫馨而感人的氛圍。更多弱勢的孩子得到了照顧，更多行為較有狀況的孩子得到了包容與接納。

此時，加不加臉書好友真的已經無所謂了。持續朝著有益「全班孩子的學習」角度望去，才是資訊化世代裡的我們更需要關注的議題，才是我們親師共同致力追尋的願景與目標！●

Idea Box 31

教學小錦囊

4戰術，拉家長協助班級經營

戰術1

開私密社團，主動把家長拉進來

戰術2

使用正向話語，凝聚親師共識

戰術3

上傳作業成果，促進學習分享

戰術4

即時溝通，避免累積情緒

家長篇

教養終極奧義，要溫柔又堅定

孩子還小，大人們習慣「溫柔」對待；
然而溫柔的前提，
是要建立在「堅定」的立場上，
而不是妥協於孩子的「情緒」之下。

和一位媽媽聊到孩子的近況，我們倆不約而同的嘆了一口氣，這位媽媽表示回家後要好好修理孩子，孩子才能上緊發條。

我給她的建議是：「管教孩子，倒不見得要用凶狠的模樣，而是應該要用『溫柔而堅定』的態度。溫柔，是讓孩子知道我們是愛他的；堅定，是讓孩子知道這樣做才是比較正確的決定，並且需要我們前後立場一致，確實執行共同約定好的承諾。

因為溫柔而堅定，所以我們展現出來的耐性超乎想像，會讓孩子知道爸媽是認真的、沒有任何漏洞可鑽，孩子才會心甘情願的願意開始改變。」

這句「溫柔而堅定」，聽起來有點虛幻，所以我為這位家長說了一個小蘇姑娘小時候的故事。

溫柔語調的接納

不到兩歲的小蘇姑娘，一出門原本興高采烈的模樣，一發現要坐嬰兒座椅，馬上耍賴的要人抱抱，怎麼樣也不願意坐上嬰兒座椅。她哭哭啼啼的被放上嬰兒座椅，扣上背帶更是一陣嚎啕大哭。

外公心疼的說：「別哭了，給你惜惜（台語）啦……」愛孫心切溢於言表，眼見我們夫妻的堅持就要潰堤了。

坐在她身邊的媽咪則是冷靜的說：「不要緊張，我來處理，讓她先把情緒發洩一下。」

於是一車子人靜默無聲。沿途，小蘇姑娘從剛開始的大哭大鬧，後來變成只是啜泣，慢慢的安靜了下來。

外婆用台語偷偷問媽咪：「小蘇姑娘現在在做什麼？」

媽咪說：「她在生悶氣，正朝著窗外看，不用管她沒關係。」

於是我們一車子大人開始交談，天南地北的亂扯。過了好一陣子，突然媽咪輕聲對著小蘇姑娘說：「摸好了嗎？舒服嗎？」

小蘇姑娘說：「舒服……」

「剛才是誰在哭哭？」媽咪溫柔的問。

「我哭哭，」小蘇姑娘用稚嫩的語調這麼回答。

「你是因為不想坐安全座椅而哭哭嗎？」

小蘇姑娘點點頭。

媽咪又問：「那為什麼一定要坐安全座椅？」

小蘇姑娘回答說：「因為很危險。」

媽咪輕聲的說：「媽咪知道你最懂事了。坐車車就是要坐安全座椅，等下車後媽咪再抱你好不好？」

接著媽咪說：「媽咪還是最愛你的！」

小蘇姑娘也回答：「媽媽，我愛你！」

媽咪親了小蘇姑娘一下，整台車子裡飄散著滿滿的愛心符號。她們開始在車上唱歌；背起唐詩、二十六個英文字母；玩起了學習遊戲……

事後經由媽咪的補充說明，我們才知道小蘇姑娘原本是朝著窗外生悶氣，後來她自己覺得很不好意思，於是主動伸手摸媽咪的手肘。等到摸了一陣子手肘，媽咪對著小蘇姑娘甜甜的笑了一下，於是才有後來的母女對話。

因為溫柔而堅定，所以我們展現出來的耐性超乎想像，
會讓孩子知道爸媽是認真的、沒有任何漏洞可鑽，
孩子才會心甘情願的開始改變。

其實小蘇姑娘這一天才剛滿一歲十一個月，她有這樣的行為與對話，是因為她有一位溫柔又堅定的好媽咪。當她不對時，她的媽咪不會一味的寵她；當她哭鬧時，會給她時間和空間，讓她學習整理自己的情緒；當事情結束後，會和她分析事情的正確性，並且給她一個心裡踏實的安慰。

說真的，我也在這開車的路上，學到了寶貴的一課。

堅定立場的引導

一直以來，我們夫妻都是用這樣「溫柔而堅定」的態度，來面對小蘇姑娘的情緒。在這樣的相處模式下，我們大人其實才是最幸福的學生。

前幾天，剛好又是一個「指揮媽咪去合唱團上班，我和小蘇姑娘父女兩人獨守空閨」的星期一團練夜晚。好不容易把小蘇姑娘餵飽了、讓她寫完幼兒園作業、陪她去綠園道公園溜個小滑梯、帶她去買好吃的點心、把所有玩具搬出來炸亂客廳、唸了兩本繪本故事……怎麼一個晚上做了這麼多事，時鐘才指著八點多啊？

這時，四歲多的小蘇姑娘就像神奇魔法師，手上悄悄變出一部迪士尼系列的DVD，堆出一臉甜美笑容的說：「爸比，我想要看迪士尼公主！」

瞄了時鐘一眼，我說：「但是，現在看完這部公主電影會太晚，我們現在應該去洗澡。洗完澡後，你最愛的媽咪就回來嘍！」

「可是我想要看！」小蘇姑娘急切的說。

這一看下去，肯定沒完沒了。於是我說：「但是時間真的有點晚了，不然這樣好了，我們先去洗澡，再出來看公主電影好不好？」

「我不要我不要，我現在就要看！」小蘇姑娘扁著嘴，眼睛裡醞釀著山雨欲來的驚人氣勢。

「爸比剛才說過了，這樣你會太晚洗澡，也會太晚睡覺，明天上學肯定又會遲到。這樣好不好，我幫你洗澡洗很快，你就可以快點出來看公主電影！」我堅定的表達我的立場，也提出比較可行的建議。

「我不要，我現在就要看公主的電影啦！」接著小孟姜女開始上演超催淚的年度大劇，看著她站在我面前，哭得像個淚人似的，實在宇宙無敵可憐，我幾乎快舉白旗投降了。

「爸爸知道你很想看公主電影，但是時間真的太晚了。爸比幫你洗很快，你也自己來幫忙洗澡，這樣我們就可以快點看到公主電影了。」

「我不要，我現在就要看啦！」接著小蘇姑娘發動更猛烈的哭勢攻擊。

給予調整情緒的機會

望著她臉上悲傷的表情，我的腦袋裡一直思考著該如何處理這件事：

1. 孩子用哭泣來表達她的需求，其實是一種天性；
2. 孩子用哭泣來獲得她想要的東西，長久下來可能會變成一種習慣；
3. 延後時間得到棉花糖的孩子，日後會比較有自律能力；
4. 親子之間的拉鋸戰，經常從「不夠堅持立場」開始向外擴散……

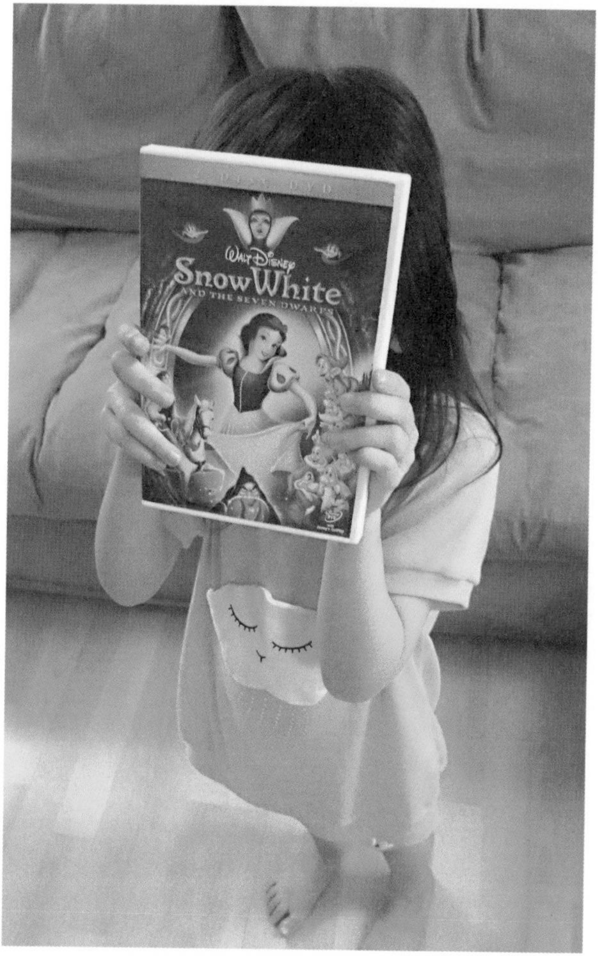

我想先調整小蘇姑娘的情緒，再引導她去判斷事情的輕重緩急。於是我說：「爸爸知道你是想看電視，所以很難過對不對？但是爸爸媽媽以前就教過你：哭並不能解決問題，好好說話才可以。如果你一直用哭的方式，就看不到公主電影。而且你一直哭下去，媽咪晚點就回來了，到時候媽咪會說為什麼你還沒有洗澡？」

我坐在她身旁好一會兒，想等她好好的哭完。不過小蘇姑娘還是抽抽噎噎的哭個不停。

「那爸爸就先讓你再哭一下下，等會兒我再過來客廳看你嘍！」我溫柔的說，才一起身，小蘇姑娘攔住我，哭聲漸弱了下來。

於是我問：「你現在希望爸比怎麼做呢？」

小蘇姑娘說：「我要爸爸帶我去洗澡。」

「嗯，你好懂事，給爸爸抱一下好嗎？」於是我張開雙手，小蘇姑娘跑過來讓我抱在懷裡，我拍拍她的背，肩頭上的她還是啜泣著。

我說：「不要哭了，好嗎？」小蘇姑娘點點頭，哭聲終於暫歇。

抱了一陣子後，我帶小蘇姑娘走進浴室，她自己爬進浴缸，一邊洗澡、一邊開始聒噪的說起話來。

我說：「好，那我們現在要洗超級快哦！」

「那你幫我洗背背，我自己洗身體……」浴缸裡的小蘇姑娘動作好忙碌，又是刷牙、又是擠沐浴乳洗澡，臉上有著開心的表情。

我笑著說：「你心情變好了嗎？剛才是誰在亂哭哭呀？」

「我！」小蘇姑娘舉著手，不好意思的笑著。

「那你要跟爸爸說什麼？」

小蘇姑娘很害羞的說了一句：「爸爸，對不起！」

「為什麼說對不起呢？」

「因為我想看電視……因為我亂哭……」

「爸爸媽媽之前不是說過『哭不能解決問題』嗎？好好說話才可以。」

「對呀，『哭是沒用的』，我也在幼兒園跟老師說過這句話哦！」哭完後的她變得冰雪聰明，以前教過她的話全都回到了腦子裡。

「你好棒，你都有記得耶！那下次不要用哭的，爸爸希望你快點把該做的事情做完，就可以去做想做的事情了。」

小蘇姑娘此時回答了一聲超級有元氣的「好」。於是我們父女兩人合力洗完一個香噴噴又快速的澡，幫她吹乾頭髮時，我說：「因為有你的幫忙，我們才能這麼快的洗完澡，所以我們現在就可以看公主電影啦！」

小蘇姑娘也笑著說：「對呀，現在可以看公主電影嘍！」

於是，我們坐在舒服的沙發上，看著電影裡的公主正經歷一幕幕的驚奇大冒險。

這時大門響起開鎖的聲音，是她最愛的媽咪回家了！小蘇姑娘跳下沙發，快速奔向她媽咪的懷裡。

沒多久，小蘇姑娘就在媽咪的陪伴下，躺在床上睡覺了。她說明天才要把公主電影看完，此刻公主一點都吸引不了她，她最想要的是媽咪的溫暖陪伴。

這些年來，和年幼的小蘇姑娘相處，我們一直在學習：如何能在當下接納孩子的情緒，卻又堅定表達我們的立場？如何在事後帶領孩子回顧衝突的歷程，並且給予孩子真心的肯定與讚美？

孩子還小，當大人的我們總是習慣給予「溫柔」對待；然而溫柔的前提，是要建立在「堅定」的立場上，而不是妥協於孩子的「情緒」之下。如此，才能像春風輕拂，為孩子帶來穩定的心性，以及有智慧的人生！

Idea Box 32

貼心小叮嚀

3準則，教出心性穩定兒

準則1

溫柔語調的接納

準則2

堅定立場的引導

準則3

給予調整情緒的機會

親師SOS2：
交心——啟動孩子的內在動機

作　　者｜蘇明進
內頁攝影｜蘇明進
責任編輯｜江美滿、陳冠佑
美術設計｜If Office、陳俐君
行銷企劃｜林育菁

發行人｜殷允芃
創辦人兼執行長｜何琦瑜
副總經理｜游玉雪
總監｜李佩芬
副總監｜陳珮雯
資深編輯｜陳瑩慈
資深企劃編輯｜楊逸竹
企劃編輯｜林胤孝、蔡川惠
版權專員｜何晨瑋、黃微真

出版者｜親子天下股份有限公司
地址｜台北市104 建國北路一段96 號4樓
電話｜(02)2509-2800　傳真｜(02)2509-2462
網址｜www.parenting.com.tw
讀者服務專線｜(02)2662-0332　週一～週五：09：00～17：30
讀者服務傳真｜(02)2662-6048　客服信箱｜bill@cw.com.tw

法律顧問｜台英國際商務法律事務所 · 羅明通律師
製版印刷｜中原造像股份有限公司
總 經 銷｜大和圖書有限公司　電話｜(02)8990-2588
出版日期｜2016 年2月第一版第一次印行
2021 年5月第一版第十次印行
定價｜350元
書號｜BKEE0158P
ISBN｜978-986-92614-3-2（平裝）

訂購服務
親子天下Shopping｜shopping.parenting.com.tw
海外·大量訂購｜parenting@cw.com.tw
書香花園｜台北市建國北路二段 6 巷 11 號　電話｜(02) 2506-1635
劃撥帳號｜50331356 親子天下股份有限公司

國家圖書館出版品預行編目(CIP)資料

親師 SOS2：交心——啟動孩子的內在動機／
蘇明進著. -- 第一版. -- 臺北市：親子天下，
2016.02
336 面；14.8×21 公分. --（教育與學習系列
；158）
ISBN 978-986-92614-3-2(平裝)

1. 家庭與學校 2. 親師關係 3. 文集

521.55　104029314